JN439570

태부동 太夫洞 가는 길

소박한 삶, 향기로운 나이 듦

이옥로 산문집

태부동 太夫洞 가는 길

소박한 삶, 향기로운 나이 듦

도서출판 경남

책을 펴내며

지난일들은 아름다운 것, 멀게는 반세기 가깝게는 얼마 전의 나날들. 이 모든 일들이 뒤안길 아스라이 뇌리에 스쳐 아름답게 양상樣相화되어 떠오를 때, 너는 잘 있는지, 안녕하고 몸이 건강한지, 오늘도 너를 그리면서 그날이 오기를 기다렸다.

그리고 행복하고 날마다 보람차라고 내가 너희의 마음이 되어 그 한때를 그리면서 오롯한 나날들 행복만을 꿈꾸면서 예까지 왔다. 그리고 또한 아름다운 그 꿈의 설계도에 충실하였다.

인간은 생각하는 갈대라고 하여 느낌을 문자로 표기해서 형상화한다고 할 수 있다. 이를 형상화하는 과정에서 낱말과 낱말 사이 숨어 있는 뜻을 알고 나 하나의 믿음이 현실 속에서 옮겨가 행간에 묻힌 뜻을 가슴으로 받아 오늘을 맛보아야 할 것이다.

우리는 현실을 살아가면서 매커니즘보다 에스프리esprit에 중점을 둔 우리들의 삶 속에서 자기화하는 역사役事가 되어 주었으면 좋겠다.

이러한 글을 바탕으로 가슴속으로 힘껏 안아도 보고 웃어도 보고 하여 당면한 이 생활의 마음밭을 근원지로 삼아 새로운 청사진에 지평을 열어갈 때 항상 옆에서 버팀목이 되어준 딸 영화, 내 큰며느리 김민숙과 표지그림에 정성을 쏟아준 둘째 며느리 정은경, 원고 정리에 수고를 아끼지 않은 막내 며느리 감미애 선생에게 고마운 마음을 담는다.

이옥로

발문

가슴으로 읽는 글 그 자유의 파노라마

홍 진 기

국제PEN 한국본부 자문위원

눈으로 읽되 가슴에 와서 박히는 글을 좋아하는 사람이 어디 나 하나뿐이랴. 가슴을 열어놓고 읽는데도 점점 닫히는 글이 있는가 하면, 그 반대의 경우도 있음을 우리는 경험을 통해서 잘 알고 있다.

꽤 오래전에 어느 날 중국을 다녀온 민헌 형이 조그만 기행수필집 한 권을 줘서 나는 내 집에 앉아서 돈 안 들이고 넓은 중국 대륙을 두루 살펴본 일이 있었다. 그런 뒤 얼마 전에는 인생을 돌아보고 세상을 두루 살피고 온 글모음 한 뭉치를 건네왔다. 고맙게 받아 돌아

와서 내 나름대로 마음을 모아 읽었다. 차근차근 한장 한장 읽다가, 내 시간에 쫓기면 한두 편 건너서도 읽긴 했으나 그 내용의 흐름은 대체로 짐작할 수 있었다.

민헌 형과 나는 동갑내기라 같은 해에 태어나기도 했거니와, 또 같은 교직생활을 하면서 세 번을 같은 학교에서 만나기도 한 깊은 인연도 갖고 있다. 그러니 웬만한 것은 대강 짚어서도 알 수가 있으리라는 생각이다. 이건 서로가 마찬가지다.

가끔은 날짜를 잡아서 주석에 앉으면 사소한 사람살이에 대한 이야기의 꽃도 피우고, 지난날의 추억을 되새기며 웃기도 한다. 그러면서 서로의 건강에 대한 이야기를 진지하게 나누기도 한다. 그런데 갈수록 주량이 줄어지는 것이 좀은 서글프긴 하나, 그러나 누가 세월과 겨뤄 이기랴. 이제 민헌 형이나 나나 인생행로를 올 만큼 온 사람이니 그 글이 어찌 민헌 형 혼자만의 글이 되겠는가.

처음엔 눈으로 읽다가 나중에는 가슴으로 읽게 되었다. 가슴이 뜨거워지더니 그 열기가 목구멍을 치밀고 올라와서는 눈시울을 적셔냈다. 이것이 글이다. 뷔퐁이 말한 "글은 사람이다."란 말을 나는 확인하게 되었다. 평소 민헌 형이 걸어온 길만이 아닌 그의 도타운 가슴에 녹아 있는 인생관과 가치관을 읽게 되었다. 뿐만 아니라 그의 세상을 향한 따습한 가슴과 그의 생활철학에 바탕한 참으로 고귀하고 아름다운, 참으로 인간적인 한 초로의 신사를 나는 다시 보게 되었다.

그는 시인도 수필가도 아니다. 세상에서 수식용으로 붙여준 예술가도 아니다. 그러나 그의 가슴속에 지열처럼 끓고 있는 인간애와 투철한 직업관, 무엇을 향한 열정은 인간적이란 말, 그 말을 제치고는 딱히 맞는 그 무슨 말을 내 철학은 찾기가 힘들 따름이다. 민헌 형의 글에 수필의 이론을 굳이 끌어오지 않더라도 영혼의 울림을 통한 감동을 받게 된다. 이것은 흔히 예술성이라고도 하며, 미적 감동이라고도 표현한다. 민헌 형의 글을 포괄하면 그의 체험을 진술하는 고백문학의 범주에 놓고 볼 수 있겠으나, 전문적 용어로 나타내거나 문학이란 옷을 애써 입히지 않더라도 공조의 울림을 미적 감동으로 발전시켜 가고 있다.

수필은 여느 다른 장르의 문학보다 경험적이며 더 개성적이라 했다. 억지보다는 자연적으로 흘러나오는 심정적이며 가장 인간적인 것에 바탕을 둔 글이라는 말이다. 민헌 형의 글을 읽으면서 더욱 그런 생각을 하게 됐다. 학문이건 예술이건 글은 포괄적으로 결국 인생에 대한 하나의, 나름대로의 해석이 아니겠는가. 무엇이 인생보다 더 중요하며 인생보다 윗자리에 놓일 수 있을 것인가.

이 글은 민헌 형의 걸어온, 또는 자유로운 인생에 대한, 사회에 대한 애정과 이해와 관심의 표명이며 심정의 구상이거나 가치관일시 분명하다. 더구나 2세교육 그 생생한 현장에서 신임교사로부터 최고 경영자인 교장으로 정년에 이르기까지 그의 반생은 인간적으로 우러름의 대상이 되지 않을 수 없었다. 더구나 경영자로서의 교육철학, 그 실현과정에 봉착하는 갖가지의 난관과 애환까지 마치 프리즘을 통과한 햇빛처럼 찬란한 아름다움으로 여과시켜 내는 글솜씨는 글이면서 차라리 하나의 인격의 권화였다 했으면 한다.

글이란 본디 그 사람의 정신세계를 담아내는 것으로 아무리 아름다운 글이라 해도 그 속에서 필자의 영혼을 읽을 수 없다면 읽는 이의 감동은 기대할 수 없는 것이다. 나는 이 글에서 민헌 형의 맑은 영혼을 보았다. 이것은 내 개인적으로 큰 기쁨이었으며 행운이었다. 그리고 바닥이 보이지 않는 한 신사의 인격에 친구로서 경배를 드리는데 주저하지 않는다.

민헌 형의 글을 읽으면 도시 오염에 병든 몸이지만 풋풋한, 그러면서 수십 수백의 내음이 한데 어우러진 고향의 내음을 맡을 수가 있다. 아니 맡는다기보다 거기 빠지거나 젖게 된다. 이 또한 오늘날의 도시생활인으로는 여간한 복이 아니다. 그 고향의 내음이 함축되어 행간을 흐르고 자간에 잘 배어 있다. 인생을 달관한 자만이 취할 수 있는 관조와 높은 인격적 수양인이 보이며 그 향기와 여운이 아주 자연스럽게 독자의 가슴으로 스며든다.

문장을 논할 때 문장수사를 일컫는다. 그러나 좋은 문장, 매력 있는 문장이란 말귀나 닦고 꾸미는데 있지 않는 것 같다. 오히려 인생을 창조하고 즐기는 개개인의 생활태도와 사고방식에서 좀은 이질적이기도 한 테크닉을 도외시한 테크닉이라는 역설을 받아들일 수 있을 것도 같다. 결국 글의 매력이란 사람과 그 사람의 생활 그 자체의 매력은 아닐까. 그래서 글은 사람이란 명제가 도출된 것은 또 아닐까.

이 글은 민헌 형과 자신의 인생에 대한 재해석이거나, 유니크한 집착의 흔적이 잘 보이지 않는다. 그의 삶이 그렇듯이 지극히 소박하고 진실한 삶의 자세로 바라보는 과거에 대한 반성과 회억을 대하大河가 흐르듯 유유히, 때로는 돌 틈에서 솟아나는 샘물같이 시리면서 담백한 문장으로, 서둘지 않고 흘러가고 있는 자신의 표현이다. 노자老子의 대변약눌大辯若訥, 위대한 웅변은 말더듬는 것과 같다는 소박미가 한결 친근미를 주는 수상이며 마음밭이란 생각이다.

한 사람의 글은 그 사람의 표현이며 또한 그 사람의 표현은 자기 자신의 가치창조에 있는 것이라고 할 때, 이번 민헌 형의 글은 또 하나 자기 자신의 새로운 인생과 의미의 지평을 열어주는 것임이 분명하다. 훌륭한 서정수필이든 분명한 수상문이든 그것을 문제삼지 말자. 글 속에 민헌 형의 인생이 녹아 있고 인생의 발견과 그의 깨달음은 우리에게 하나의 감동을 유발해내는 문학일시 분명하다.

그의 넉넉한 가슴에 편한 마음을 모두어 경의를 드린다.

첫 번째 길 태부동 가는 길

두 번째 길　연적의 편지를 받고

세 번째 길　여고생은 아름답다

네 번째 길　달아 달아 밝은 달아

첫 번 째 길

태부동 가는 길

첫 번 째 길

승화昇華된 모정母情

시험지가 학생의 책상 위에 모두 다 놓여지고 이제 곧 시험이 시작하려는 무렵 업고 있는 젖먹이 아이가 울기 시작한다. 시험을 보아야 할 아이 엄마는 당황해 하며 재빨리 아이를 업고 골마루로 빠져나갔다. 아이를 달래려고 했으나 아이는 막무가내였다. 그러나 시간은 여느 때와 같이 지나가고 교실 안에서는 시험이 진행되고 있었고 이 아이 엄마도 시험을 보아야 할 처지에 있으니 감독교사는 물론 같이 시험 보는 같은 반의 급우들의 초조한 마음은 이루 말할 수 없었다.

이는 몇 년 전 방송통신고등학교 1학기 기말고사가 진행되고 있을 때 일어난 일이였다. 원래 방송통신고등학교는 나이의 제한이 없기 때문에 직장인, 장애인, 가정주부, 군인 등 제한 없이 입학자격이 주어진다. 매달의 격주 일요일마다 현지수업을 받도록 규정되어 있기에 그날 아이를 봐줄 사람이 없는 가정주부는 아이를 데리고 수업에 임해야 한다. 그래서 어떤 때는 수업하는 교실이 아니라 아이들의 놀이방이 되고 학생들의 공부방도 겸하여 이용되는 때도 있다.

이날 나는 교실에서 시험감독을 하면서 그 아이 엄마가 아이를 달래 곧 들어오겠지 하고 기다려 보았으나 시험 시간은 자꾸 흘러가는데 그 아이 엄마는 들어오지 않았다. 시험을 치르는 학생이나 감독교사는 아이 엄마가 입실하여 시험 치기를 학수고대하였다. 골마루 저쪽에서 아이를 업고 들어올려고 뒤쪽 문을 살며시 열면 아이가 깨어나 울고 그러면 또다시 놀라 복도로 가고 아이 엄마의 심정이 오죽했겠는가?

감독교사인 내가 미안해서 그 엄마를 쳐다보는 순간 참 위대한 어머니인 것을 깨달을 수 있었다. 그 아이 엄마의 표정은 초조함이나 안타까움이란 조금도 찾아볼 수 없고 오히려 평온하고 순수한 얼굴로 웃음 띤 모습을 하고 있었다.

시험 시간이 절반 이상 흘러갔기 때문에 그 아이 엄마는 재빨리 자기 자리에 앉아 시험지를 써내려 가는데 이 세상 어디에도 견줄 수 없는 성스러운 모습 그대로였다. 그 아이는 엄마 등에서 새근새근 잠자고 엄마의 자세는 반쯤 비스듬한 채 아이가 편안하게 잘 수 있도록 하고 있었다. 얼마 남지 않은 시간 때문에 온 정성을 다하는 그 자태는 바로 승화된 모정이 아니겠는가?

방송통신고의 학생들은 가정 사정으로 대부분 정규교육을 받지 못하고 만학으로 늦게나마 자신의 뜻을 이루려는 학생이 대부분이다. 담임을 하다 보면 학생들의 사정을 자연적으로 알게 되는데 이 사연 저 사연 들어보면 피치 못할 사정도 많다는 것을 알게 되었다.

출석부를 점검하다 보면 한 학생이 지각, 결석, 조퇴를 하루 동안 모두 하는 경우도 있었다. 아침에 어떤 사연 때문에 늦게 출석하여 지각을 하고 수업시간 중에 어떤 일이 갑자기 생겨 조퇴를 하게 된다는 것이다. 이 세 가지 모두가 해당되는 학생은 일인 삼역, 일인 사역의 역할을 하고 있는 것이다. 이렇게 어려운 일을 겪으면서 공부를 하다보니 오늘같이 난처한 입장에 처해도 끝까지 답안지를 작성하여 제출한 그 어머니의 장한 모습은 그들에게선 새삼스러운 것이 아닐 수도 있다. 그러나 이러한 삶의 태도는 바로 방송통신고 학생이 아니면 누가 감히 가질 수 있겠는가!

의문이 간다. 어머니는 굶어도 자식은 먹이고 ,어머니는 화가 치밀어오르더라도 자식은 즐겁게 하고, 어머니는 잠을 못 자도 자식은 잘자게 하고, 어머니는 고됨이 닥쳐오더라도 자식에게는 그 고됨이 가지 않도록 하는 것이 바로 어머니의 마음이 아니겠는지! 세상은 고달파도 우리네 어머니는 위대하다고 말할 수 있다. 어머니가 있었기에 오늘의 세상이 온화하고 평화롭지 않겠는가?

내가 담임한 반의 실장은 불혹의 나이로 방상통신고 일 학년에 입학하였다. 학반 학생들과 같이 상담하여 본 결과 남편은 해군으로 진해에서 근무하고 자신은 조무원으로 사무를 보는 두 아이의 어머니로서 가정 살림을 하면서 살아간다는 것이었다. 그래도 현지수업을 받는 날이면 타 학생보다 일찍이 등교하여 칠판을 깨끗이 닦아놓고 책걸상 정리정돈이며 간단한 청소를 하여 깨끗한 환경 조성에 솔선수범하였다. 이러한 삶을 바탕으로 자신이 실천한 생활 모습을 체험수기로 발표하여 전국백일장에서 장원으로 입선된 것은 정말로 장한 일이었다.

방송통신고 학생이라고 모두가 타의 모범이 되고 우수한 학생은 아니지만 만학으로 인한 사회생활을 바탕으로 자신의 가정에 한 톨의 밀알이 되었기에 가화만사성이 이루어지지 않았는가 하고 자문자답하고 싶다.

아이를 업고 시험 보는 아이 엄마나 두 자식을 가진 실장의 승화된 모정이 바로 우리 사회 발전에 크게 기여하고 있다고 힘주어 말할 수 있다.

첫 번째 길

승화된 사랑

아침에 출근하여 교무실에 들어가니 모 담임 선생님 옆에서 여학생과 중년 부인이 한 덩어리가 되어 뒹굴고 있지 않는가. 중년 부인은 '너 죽고 나 죽는다' 는 말을 연속하면서 빠져나가려는 여학생의 머리채를 휘어잡고 있었다. 사생결단을 내려는지 이를 악물고 두 다리를 여학생의 허리에 휘감고 교무실 마룻바닥에서 이리저리 구르며 난장판이 벌어지고 있었다.

담인 선생님과 일찍 출근한 여 선생님이 힘을 합쳐 말리려고 안간

힘을 썼으나 실패하고 이어 출근한 남 선생님까지 합세하여 겨우 말릴 수 있었다.

학생의 어머님은 거제 장승포에 사시는 분으로 남편이 종사하는 어업을 도와 가정을 어렵게 꾸려 나가고 있었다. 그래도 딸자식은 고기 잡는 일을 시키지 않으려고 거제보다 더 좋은 배움의 학습장이 있는 도시의 인문계 고등학교에 입학시킨 것이라고 말씀하셨다. 가쁜 숨을 몰아쉬면서 말씀을 이어가는 그 어머님의 그을은 뺨 위로 눈물이 줄줄 흘러내렸다.

내 자식은 선생님의 말씀 잘 듣고 친구와 잘 어울려 공부에 전념하고 있을 것이라고 생각하고 있었다. 그런데 담임 선생님 전화를 받고 모든 일을 제쳐놓고 그 길로 바로 거제도에서 출발하여 어젯밤 늦게 마산에 도착하여 친척집에서 자는 둥 마는 둥 아침도 먹지 않고 일찍 학교에 왔다는 말씀이었다. 이제는 공부도 필요 없고 학교에서 퇴학시켜서 집으로 데리고 가겠다는 것이 어머님의 확고한 의사였다.

그동안 시간이 흘러 다른 선생님들도 출근하여 담임 선생님에게 학부형을 조용한 상담실로 모시도록 하고 나 혼자 저 일을 어떻게 처리하는 것이 좋을까 생각해 보았으나 좀처럼 일의 실마리를 찾을 수 없었다.

학교 급식소에 가서 그 어머님께 아침식사를 대접하게 하고 담임 선생님과 상담을 해 보니 그 학생은 학급에서 친한 친구가 없고 외톨이였다. 그래서 생활의 안정을 찾지 못해 중학교 때 같은 학교에서 배운 남학생들과 마산시내 모처에서 만나는 일에 몰두하기 시작했다는 것이다. 담임 선생님에게는 거짓말로 숨기고, 철석같이 약속해놓고 그 시간만 지나면 남학생과 만난다는 것이었다.

말을 듣지 않는 여학생이 하도 딱하여 학부형과 더불어 생활지도를 하면 효과가 있을 거라는 교육적인 면에서 학부모에게 알렸다는 것이었다. 학교 생활을 어머님께 이야기해 주면 딸의 마음을 잘 다독여 모든 것이 해결될 것이라 생각했는데 그렇지 못해 문제가 발생한 것이다.

한석봉의 어머니는 떡국을 만들어 학비를 조달하였고 맹자의 어머니는 베를 짜 학비를 충당했다고 한다. 아들이 학업을 중도에 그만두고 집에 돌아왔을 때 어머니는 떡을 썰고 석봉은 글씨를 써서 두 사람이 판단하였을 때 어머님의 솜씨가 월등하게 우수하다는 것을 알고 다시 공부하러 떠났고, 맹자의 어머니는 베를 짜는 그 많은 실오라기를 과감하게 끊어버려 맹자로 하여금 다시 돌아가지 않을 수 없게 단기지계斷機之戒를 발휘하였다.

떡을 썰어 판매하여 학비를 조달하는 중에도 그 고됨을 고됨으로 생각하지 않고 내 아들이 글쓰기 공부를 열심히 하고 있을 것이라 생각하니 그 고됨이 즐거움으로 바뀌어 오히려 기운이 샘솟고 노랫

소리가 절로 나와 소리 높여 불렀다고 생각이 된다. 그리고 맹자의 어머니도 그 많은 실오라기를 하나하나 이어 나갈 때 그 한 오라기 이을 때마다 고됨이 오죽하였겠는가마는 맹자를 생각하며 그 고됨을 오히려 즐겁게 노래 부르며 베를 짰을 것이라 생각된다.

석봉의 어머니나 맹자의 어머니의 고됨은 고됨이 아니고 모두 자식을 위한 즐거움으로 변하여, 자식을 위한 뒷바라지를 하는 그 모습이 바로 고난이 즐거움으로 승화된 사랑이 아니고 무엇이겠는가.

나는 오늘 이 아침에 자식을 사랑하는 그 모정에 맹자의 어머니나 석봉의 어머니처럼 한 단계 더 발전된 사랑이 필요하리라 생각된다. 오늘 조용히 담임 선생님과 상의하여 그 여학생을 집으로 데리고 가서 고기 잡는 현장에서 어머니와 함께 일을 시켜 보는 것이다. 그래서 일솜씨가 누가 더 나으며 또한 그 익숙한 일솜씨는 누구를 위한 것인지를 직접 체험하게 하는 것이다. 그래서 입이 열 개라도 감히 변명할 수 없도록 부모의 그 마음에 완전히 수긍할 수 있도록 하는 것이다. 만일 그렇게 된다면 딸아이나 어머니에게도 얼마나 감동적인 일이 되겠는가?

채찍을 가지고 교육하던 시절은 이미 지났다고 생각된다. 필자도 젊은 날 채찍으로 교편을 잡을 때도 있었지만 연륜이 쌓이면서 교육 경험에 따라 채찍은 백해무익함을 깨달았고 감수성이 예민한 여학생들은 성인이 되어도 나쁜 인간관계만 생각하지 절대로 채찍교육은 삼가하여야 한다고 확신한다.

오늘 학부모의 자식 사랑의 향학열은 수긍이 가나 여학생의 생활 문제점이 갖고 있는 요인을 분석하고 그 장애요인을 제거할 수 있는 묘안을 찾아 대처해야 한다. 무조건 아이만 나무라지 말고 변화되는 현실에 맞게 다시 한번 생각하는 학부모의 승화된 사랑이 실행되었면 한다.

첫 번째 길

젊을 때 고생은 사서도 하라

낙동강 700리는 오늘도 변함없이 흐르고 남강물도 합강정合江亭 밑으로 합류하여 지나가는데 오늘따라 거룽강 언덕배기에 서서 아스라이 스쳐 지나가는 옛일을 생각하니 유정도 유정하다. 이 강을 건너 남지로, 함안 대산으로, 의령 지정으로 다녔던 그 많은 사람들은 찾아볼 수 없고 주인 없는 조각배만 외로이 강가에 일렁이며 떠 있다.

내 소싯적 이 강을 하루도 빠짐없이 건너다니며 수학에 전념하던 일과 비가 많이 내리는 여름철 홍수가 났을 때, 급류에 떠내려가지 않으려고 친구와 있는 힘을 다해 노를 젓던 기억이 주마등처럼 스쳐간다(함안사고).

때로는 학교에서 오후 늦게 파하여 강가 백사장에 도착하면 날이 저물고 어두워지는데 막 떠나는 배를 놓치고 기다리는 그 마음 누가 알겠는가!

성산成山이나 두곡杜谷동네는 함께 다니는 친구들이 있어 걱정이 없었지만 나는 혼자 통학하는 처지이고 보니 어느 누구 믿을 사람 없는 혈혈단신의 신세로 말로 표현하기 힘들 정도로 견디기 어려웠다. 어느 곳에는 여우의 위험이 있고 또 어느 곳에는 신출귀몰한 귀신이 나온다는 심술궂은 친구의 이야기를 들으며 순간순간 공포에 떨며 배를 기다리던 저편 모래사장은 예나 다름없이 지금도 한묵恨默의 사연을 안고 누워 있다.

그 당시는 6 · 25전쟁 중이라 너나없이 가정형편이 어려웠다. 길이 멀어 힘들고 고되어도 집에서 통학할 수 있는 학교를 다닐 수밖에 없었는데 그런 조건에 합당한 학교는 선택의 여지없이 남자중학교 하나뿐이었다. 원遠거리라 새벽같이 일어나 아침으로 죽을 먹고 밥을 따로 해서 준비해 준 도시락을 갖고 다녔다. 어려운 형편에도 학교에 다니고 공부할 수 있다는 사실에 부모님과 형님, 형수님께 감사한 마음으로 오가는 40리 길을 멀다 하지 않고 즐겁게 다녔다.

그때는 낙동강과 남강의 상류에 아직 댐이 조성되지 않았던 때라 홍수 피해가 자주 있었다. 장마가 지면 홍수가 나서 통학길이 침수되기 일쑤였다. 골짜기마다 물이 들어간 길을 돌아가야 했으므로 아침 일찍 등굣길에 나서더라도 학교에 도착하면 등교할 시간이 훨씬 지나 있었고 또 하굣길에도 다시 먼 길을 돌아가야 했다. 집에 도착하면 발바닥에 불이 나는 것처럼 확확대는 증상이 나를 괴롭혔다. 어떤 때는 걷는 일에 지쳐서 지름길을 찾아 산을 넘어 절터, 공동묘지를 가로질러 가다 길을 잃고 공포에 휩싸여 헤매다 겨우 집으로 돌아왔던 기억도 있다.

어린 나이였기에 회복이 빨라 그런대로 다음 날 다시 그 힘든 여정을 시작할 수 있었지만, 아침에 나서면 돌아올 때까지 걷고 또 걸어 통학하는 일이 다른 어떤 일보다 걱정스럽고 힘든 일이었다.

어디 그뿐이랴! 한번 큰물이 들었다 나가면 평소에 다녔던 길이 급류에 몇 길 웅덩이로 변하기도 하는데 그곳의 사정을 잘 모르는 나그네가 건너다가 변을 당하여 며칠이고 그대로 방치되어 있는 경우도 있었다. 나는 그 길이 아니면 통학길이 없어 밤늦게 그 옆을 지나려고 하면 무서움과 두려움에 머리끝은 온통 빳빳하게 서고 간이 콩알만 해져 혼비백산하던 기억이 반세기가 지나간 지금도 뇌리에서 사라지지 않는다.

또 여름철이라 풀이 자라 방초方草를 이룬 길을 걷다보면 아침 이슬이 마치 비 온 듯하여 옷이 젖는데 잠방이를 걷어올려 놓으면 이내 내려가고 또 내려가고 그런대로 겨우 수습하여 학교에 도착하여 앉아 있으면 옷의 물기가 마르지 않아 살갗이 벌겋게 부어 몹시도 쓰라렸다.

나는 이런 일을 반복하며 하루하루의 통학에 전심전력을 다하였다. 이 일을 수행하지 않으면 배움 그 자체를 그만두어야 할 형편이었으므로 선택의 여지가 없기도 했다.

하계, 동계 방학과 토요일, 일요일을 제외하고는 같은 시간에 시곗바늘처럼 매일 이 일이 반복되었다. 이 시간이면 저 산 모퉁이, 저 시간이면 강을 건너 모래사장….

매일 같은 시간에 같은 길로 등하교를 하니, 그때만 해도 교통도 불편하고 농사철이 되면 여가도 없었으니, 길옆 인근 주민들이 시간을 대강 짐작하여 나에게 잔심부름을 도맡아 시켰다. 편지를 부치는 일이나 비누며 성냥을 구입하여 귀갓길에 전달하는 등 지금 생각해도 참으로 책임감 있는 심부름꾼으로 주민들을 많이 도와주던 시절이었다.

이렇게 힘든 한 발자국 한 발자국이 모여 하루의 통학을 이루고 하루하루의 통학이 모여 일주일의 시간이, 다시 한달, 일년의 세월이 흐르고 흘러 고등학교 졸업이란 영광을 얻게 되었다. 그리고 그

영광스런 졸업은 나에게 교사로서의 사회생활을 시작하게 해 주었다. 교육계에 종사한 긴 시간 동안 나에게 맡겨진 일을 열성을 다하여 성실히 수행해낼 수 있었던 것도 그때 그 시절 배우겠다는 일념으로 역경에 굴하지 않고 하루하루 힘든 통학길을 견뎌내며 길러진 자신감과 끈기 때문이 아니었을까?

생각해보면 정말 힘들고 어려운 시간이었지만 그 어린 시절 고생 덕에 인생에 대한 가치를 깨닫고 참으로 열심히 살았던 내 젊은 날을 생각하면서 젊을 때의 고생은 사서도 많이 하라고 후배들에게 권하고 싶다.

첫 번 째 길

춘삼월 내 고향

내 고향 의령군 지정면, 이름을 들어도 불러만 봐도 아름다운 곳.

지정면은 의령 고을 중에서도 북동쪽에 위치하고 있다. 의령 전체를 보면 동쪽에 자리하며 낙동강과 남강이 합류되어 남쪽으로 흘러가는 곳에서 보면 북쪽에 위치하고 있다. 북쪽 자굴산 산줄기가 줄기차게 동남으로 달리다 이곳 지정에 이르러 모든 정기가 멈추어 선 곳. 산자수려山紫秀麗하기로 이름난 곳이기도 하다.

마을 골짜기마다 푸른 산이 에워싸 푸른 자연이 내뿜는 싱싱하고 맑은 공기와 깨끗한 물을 마실 수 있는 이른바 산 좋고 물 좋은 안빈낙도安貧樂道의 선경仙境을 자랑하는 지정 내 고향. 나는 지정이라는 소리만 들어도 가슴이 설레고 절로 옛 생각이 난다.

지정의 3월은 그야말로 장관이다. 강남 갔던 제비가 하나 둘 흙을 물어다 지푸라기와 적당히 혼합하여 옹골진 집을 완성하는 계절이면 한 해의 희망을 품고 우리네 집집마다 농사가 시작되고 알찬 설계가 개시된다. 매화꽃, 살구꽃 속에 묻혀 춘심을 일으키며 절로 무엇인가 흥얼거리면서 살맛이 솔솔 나게 하기도 한다.

넓은 들로 나가면 지난가을에 심어 놓은 자운영 꽃송이 천만 송이 만만 송이가 함께 활짝 피어 웃어댄다. 자신의 색동옷을 자랑하는 그 자운영 꽃의 군집은 보는 이로 하여금 절로 감탄하게 하고 두 팔을 활짝 펴 끌어안고 싶은 충동을 불러일으킨다.

이는 내 고향이 아니면 보지 못할 자랑거리다. 나는 사방에 핀 봄꽃들의 향연 속에서 '미美란 이런 것이구나!' 하고 자연스럽게 깨닫게 되었고, 아마도 그래서 내 마음은 언제나 고향에 살고 고향에서 떠나온 지금도 고향의 춘삼월이 마냥 그리워지는지도 모른다.

물론 고향의 봄은 아름다운 옛날만 선물하는 것은 아니다. 때로는 개울가의 버들강아지, 찔레꽃이 피기 전에 돋아나는 햇찔레순이랑 양지바른 언덕배기에 돋아나는 '삐삐' 라는 풀순들을 뜯어먹으며 굶주린 배를 채웠던 혹독한 보릿고개의 기억도 떠오르게 한다. 그러나 푸쉬킨이 '지나간 일은 언제나 아름답고 그리운 법' 이라 했던가. 굶주림에 산을 헤매던 보릿고개의 기억도 애잔함으로 남고 어머님의 얼굴과 함께 가없는 그리움으로 이끌기만 한다.

산마다 골짜기마다 진달래가 지천으로 피어 산 전체가 활화산같이 분홍빛으로 채색될 때면 '아!' 탄성이 절로 나는 아름다운 산에서 진달래를 입술이 파랗게 변하도록 먹기도 했다. 주린 배를 채우고 꽃송이를 한아름 따다 어머니께 드리오면 좋아하시던 어머님. 그중 아주 좋은 진달래 꽃송이를 골라 꽃병에 꽂아 온 집안이 진달래빛 아름다운 웃음소리로 훤해지게 하시던 어머니. 보릿고개의 혹독함도 꽃분홍빛 어머님 모습에 묻혀 아름답기만 한가 보다.

또한 고향은 내 건강의 밑거름이 되어 주기도 했다. 일찍부터 새풀이 돋아나는 봄이면 지게에다 풀을 베어와 이것을 말려 퇴비로 쓰기 위해 언덕과 산을 수차례 오르내려 자연 근력이 단련되기도 했고 오르내리는 동안 길가의 버들강아지, 찔레순, 삐삐, 송구 등의 자연식을 간식 삼아 먹으며 자랐기에 나도 모르는 새 건강체질을 갖게 되었다.

또 삼월 농번기 유일한 동력자원이자 산골마을의 살림밑천인 소를 먹이는 일도 내 건강에 매우 유익했다는 생각이 든다. 어린 시절부터 아침저녁으로 소를 먹이러 때로는 산으로 때로는 들로 두루 다니면서 소가 가는 대로 산등성이를 오르내리면 지금의 등산이 절로 되었고 들로 가면 넓은 들판을 뜀박질하여 체력단련이 되었던 것이다. 청년기는 물론 노년이 된 뒤에도 남보다 한 걸음 앞선 기동력을 가졌다고 자부하기도 했는데 이 모두가 내 고향 지정의 산야가 준 소중한 선물이 아니겠는가 싶어 고향에 느끼는 고마움은 더욱 크다.

아아, 고향의 봄은 출렁이는 푸른 보리밭 물결 속을 어깨동무하며 걷던 낭만을 떠오르게 한다. 삼월의 내 고향은 낮은 논에도 높은 밭에도 가는 곳마다 보리(麥) 아닌 데가 없었다. 온통 천지가 보리의 물결, 푸른 봄 맥파가 출렁이며 푸른 바다를 이루고 있었다. 나는 추억 속에서 맥파가 출렁이는 보리밭 사이로 다시금 죽마고우와 거닐면서 박목월 님의 〈나그네〉를 읊어도 본다.

강나루 건너서 밀밭길을
구름에 달 가듯이 가는 나그네
길은 외줄기 남도 삼백 리
술익는 마을마다 타는 저녁놀
구름에 달 가듯이 가는 나그네

나도 친구도 인생을 살아가는 나그네. 오늘도 시간은 무심히 흘러가고 보리밭길을 같이 거닐던 내 어깨동무는 지금 무엇을 하며 어디쯤 걷고 있을까?

딱딱한 시멘트 벽 속을 거닐면서도 고향의 춘삼월을 기억하며 따뜻한 마음에 미소짓고 있을까? 메마른 세상에서 인간성을 눈뜨게 하는 씨앗이기도 한 고향을 기억할까? 일흔을 바라보는 나이에도 춘삼월 내 고향을 생각하면서 언제나 따뜻한 고향의 마음을 이 사회에 피어나게 하고 있을까?

꽃 피는 춘삼월에 찾은 내 고향. 매화꽃은 옛날 그 매화가 아니오, 고향의 모습도 많이 달라졌지만 매화와 벚꽃은 올해도 어김없이 피어나 지친 내 마음을 달래주고 보리밭 푸른 물결은 나를 따뜻하게 감싸(庇護) 생을 반추하게 한다.

마음속에 깊이 깊이 새겨진 고향 너를 그리며 나는 아득한 산자락을 넘어가는 구름처럼 오늘도 아스라이 옛일이 떠오르고 나도 모르게 가슴 먹먹한 그리움의 날개를 단다.

첫 번째 길

태부동太夫洞 가는 길

잠결에 눈을 뜨니 새벽 4시 반. 사방은 캄캄하고 고요한데 이리 뒤척 저리 뒤척 뒤척거리다 눈을 감고 베갯머리에 얼굴을 맞대니 혼미하고 몽롱한 가운데 사념에 젖어들면서 내 고향 태부동太夫洞으로 달려간다.

태부동은 내가 태어난 곳으로 의령의 깊고 깊은 두메산골이다. 그런데 나이를 먹을수록 그곳이 더욱더 눈에 선하고 그리워진다. 오늘따라 따뜻했던 어머니의 품 안이 마음속 깊이 파고들어 심금을 울린다.

봄철이면 남산에는 빨갛고 노란 온갖 꽃들이 지천으로 피어 산 위에 푸른 소나무와 어울린 풍경이 말 그대로 한 폭의 동양화였다. 넓고 넓은 들에는 자운영 꽃이 군집을 이루고 뒷산 바위틈에는 청빈을 자랑하듯 살구꽃이 하얗게 피어 있었다. 들판에는 목동들이 불어대는 보리피리 소리가 울려퍼지고 바람결에 일렁거리는 맥파 사이로 누나와 봄나물을 캐러다녔던 그 오솔길은 깜깜한 밤중에 생각해도 내 뇌리 속에 찬란한 피안의 세계로 박혀 있다.

여름철 큰물 지난 뒤에 맑고 깨끗하고 시원하다 못해 차가운 물에 목욕을 하며 하루의 번뇌와 피곤함을 말끔히 씻어내고 동네 사람과 함께 총총한 별이 빛나던 맑은 하늘 아래 앉아 태부동의 역사와 이야기를 듣지 않았던가! 그렇게 태부동 이야기는 구구전승되며 재미와 흥미를 더해갔다.

마을 뒤 옛 터에는 기와집이 있었다고 했다. 그곳에는 신기한 힘을 가진 선생님, 바로 태부太夫로 불리던 큰지아비가 살았던 곳이란다. 각처의 젊은 학동들이 구름처럼 이 집에 모여들었다고 한다. 또 그분은 신비한 능력을 가지고 있었다고 한다. 축지법을 써 저녁 먹고 서울에 가도 다음 날 아침이면 다녀왔고 솔잎을 따서 주문을 외워 힘껏 던지면 왜놈들을 물리치는 용감한 군인이 되었더란다. 신고 있던 버선을 벗어 날리면 비둘기로 변하여 이쪽의 소식을 아군인 독립군에게 전하여 주었다고도 한다. 또 가뭄이 들어 글을 지어 하늘에 고하자 청천벽력이 울려퍼지면서 삽시간에 비가 쏟아졌다는 것이다.

이처럼 입담 좋은 어른들의 가공된 이야기를 진실인 양 들으며 꿈을 키운 곳이 바로 내 고향 태부동이다.

이런저런 이야기들과 함께 들의 곡식과 과일, 땅속 고구마가 익어가면 산돼지의 침입을 막기 위해 언덕배기에 세워놓은 원두막으로 올라갔다. 베틀에 사용하던 북을 돌에 갈아 소리를 내면서 형님과 밤을 새며 산돼지를 쫓아냈다.

추석 무렵의 달은 밝고 밝아 마치 북극의 백야 현상처럼 주위를 환하게 하여 원두막 주렴을 걷어 올리면 아직도 달이 삽쌀한 대지를 비추고 있었다. 날이 밝으면 추석날 아침에 새옷을 입고 차례를 올릴 생각하니 기대감 때문에 영 잠이 오지 않아 몇 번이고 일어나 앉고 서성거렸던가. 시계가 없어 시간을 몰라도 답답함을 모르고 자연의 이치에 순종했던 참으로 순수한 시절이었다.

점점 약아지는 세상과 세태를 생각하면 할수록 내 고향 태부동에서 보낸 그 시절이 더욱 그리워진다.

첫번째 길

어머님의 교훈

나는 열 살이 되도록 학교에 다니지 못했다. 내가 학교에 입학할 무렵은 일제 말기여서 큰형님은 매일 날이 밝으면 훈련에 강제동원되었고 작은형님은 17세의 어린 나이에 징용에 차출되어 집을 떠나 있었다. 그러니 자연 내가 소를 먹이고 집안의 작은 일을 돕지 않으면 안 되었던 것이다. 그러나 너무나 학교에 가고 싶었던 나는 아버님께 친구들처럼 학교에 다니게 해달라고 간청하여 당시 지정초등학교 교장선생님으로 계시던 아버님의 이종姨從 되시는 분께 부탁드려 열 살 무렵 비로소 학교에 입학하게 된 것이다.

학교 가는 첫날 어머님께서는 공책 한 권과 연필 한 자루를 책 속에 넣어주시며 공책의 궤면이 밑으로 가게 들고 다녀야 선생님으로부터 배운 지식이 땅에 떨어지지 않고 머릿속에 잘 기억될 수 있다고 일러주셨다. 이후 나는 어머님의 말씀을 마음 깊이 새기고 꼭 그렇게 실천하고 있다. 그러나 생각해 보면 반대쪽을 위로 향하게 잡고 궤면 부분이 밑으로 가게 잡아야만 연필을 넣어도 떨어지지 않고 공책의 갈피가 필통 역할을 할 수 있다. 어머님은 그렇게 나에게 공책의 이중적 쓰임새를 알려준 최초의 선생님이셨다.

나의 어머님은 이야기도 많이 알고 재치가 있는 분이셨다. 한가한 여름날 저녁이면 식사 후 대나무 평상에 앉아 하늘의 별을 보며 견우 직녀나, 은하수, 북극성 등 별나라에 얽힌 이야기들을 밤이 이슥하도록 들려주셨다. 나는 그 이야기들을 들으며 상상의 세계에 빠져들곤 했다. 언젠가는 캄캄한 그믐밤에 허공에 큰 획을 그으며 떨어지는 별똥별을 보며 이튿날 남보다 먼저 일어나 별이 떨어진 쪽을 손가락으로 가리키며 '별똥별' 하고 말하면 남보다 뛰어난 기지機智를 가질 수 있다고 일러 주셨다.

그 말을 듣고 별똥별이 떨어진 다음 날 남보다 먼저 일어나려고 애를 썼다. 아마 잠에서 깨어나 비몽사몽 헤매는 상태에서 빨리 벗어나 새로운 지혜가 샘솟게 하려는 어머니 나름의 애틋한 자식사랑이 아니었을까? 재롱을 부리며 놀고 있을 때에는 재주가 출중해진다며 귓바퀴를 만지면서 위로 살짝 끌어당겨 올리셨다.

나는 지금도 식사를 끝내면 언제나 밥그릇에 물을 부어 마신다. 생전에 어머니는 식구들이 식사를 마치고 먹던 밥그릇에 물을 부어 먹는 모습을 보면 가슴이 편안해진다고 하시며 물을 부어주셨다. 비록 이제는 저세상 분이시지만 그곳에서도 계속 마음 편하시라고 나는 밥을 먹고 나면 반드시 그 그릇에 물을 부어 마신다.

내가 어렸을 때만 해도 농촌에서는 정월달이 되면 흔히 신수 본다며 토정비결을 보았다. 그런데 이 토정비결이 당시만 해도 아주 귀한 책이었다. 우리 동네에도 마을 전체를 통틀어 단 한 권의 책이 어떤 선비 댁에만 있었다. 어머님은 떡과 안주, 술을 준비하여 그 댁을 찾아가 가족 전체의 일년 신수를 보고 어떤 날은 어떻고, 어떤 달은 어떻고, 또 어떻게 대처해야 액운을 막을 수 있는지 기록하여 오셨다. 그리고 사람에 따라 신수가 나쁜 달을 기억해 두었다가 해당되는 달 그믐날 밤에 집 밖에서 지내고 들어오면 액厄을 띄워 보낼 수 있다고 했다.

나는 지금도 나의 액운을 막아주기 위해 이불과 자리를 들고 북풍을 피할 수 있는 언덕 밑에서 첫닭이 울 때까지 어머니와 함께 지내고 돌아온 기억이 생생하다. 선달그믐이라 북풍이 휘몰아치고 기온은 영하로 떨어져 온몸에 한기가 들고 얼어붙을 것만 같았다. 그리고 밤은 왜 그렇게 긴지…. 나는 당사자여서 어쩔 수 없었지만 어머님은 이제 그만 집에 들어가시라고 아무리 간청을 드려도 첫닭이 울 때까지 끝내 곁에서 함께 추위를 견디시던 모정母情!

그때 그 추위 속에서 어머님은 사람은 곤경에 처했을 때 오히려 그것을 좋은 기회로 삼아야 한다며 위기를 긍정적인 마음을 갖고 전화위복轉禍爲福의 기회로 바꾸는 사람은 성공할 수 있다고 말씀해 주셨다.

나는 그후 역경이 찾아오면 성공의 기회로 바꾸기 위해 평소보다 노력을 배가했다. 북풍이 몰아치는 바깥보다는 따뜻한 온돌을 좋아하는 것이 사람의 마음임에도 어머니는 그날 자식을 위해서 그렇게 긴 밤을 한겨울의 추위 속에서 보낸 것이다.

오늘도 집에서 한가한 시간을 보내면서 옛일을 생각한다. 수십 년 교직에 있으면서 사람은 언제나 인내심을 갖고 씩씩하게 전진해야 하며 자질구레한 일에 얽매이지 않고 작은 이익보다는 대의를 생각하며 살아야 한다고 가르쳐 왔다. 그런데 나이가 들수록 자잘한 일상에 담긴 교훈과 생활의 지혜가 가슴에 와 닿는다.

옛날 학용품이 귀했던 시절 잃어버리지 않고 연필을 간수할 수 있도록 했던 공책 드는 법, 빨리 잠에서 깨어나 맑은 정신으로 새롭게 하루를 시작하기를 바랐던 별똥별 기억훈련, 귓바퀴를 당겨 피의 순환을 원활히 하여 자식의 건강을 지키려 했던 일, 식사 후 밥그릇에 물을 부어 그릇에 붙어 있던 알갱이까지 고스란히 다 먹고 설거지까지 쉽도록 한 상생의 원리 등 이 모든 것이 어머님의 지혜이며 자식과 가족을 사랑하는 마음이 아니겠는가.

토정비결에 나오는 액운을 막기 위해 추운 밤을 밖에서 보낸 것도 인내심과 담력을 길러 험난한 세상살이에 적응시키고자 했던 조상들의 지혜, 어머님의 갸륵한 모정이었으리라.

세월의 흐름이 사람 되게 하는지 요즘은 어머님이 주신 교훈과 사랑과 은혜가 뼈에 사무치도록 그립다.

첫번째 길

전답田畓

토지는 다른 재산의 가치와는 다른 점이 있다. 선대로부터 경작하여 온 내력 있는 밭이나 논은 더욱 그렇다. 일제 말 농사지은 쌀이며 보리를 공출이란 이름으로 수탈당해 먹을 것이 턱없이 부족한 가운데 우물의 냉수를 마시며 허기虛飢를 때우고 허리띠를 졸라매며 마련한 목돈으로 사들인 논밭이나 집터는 더욱 그러하다.

나는 몇 해 전 동생으로부터 형편이 안 좋아 부모님께서 경작하시던 오척곡의 양지밭을 타인에게 팔아야 할 처지에 놓이게 되었다는 전화를 받았다. 내일까지 매매계약을 중지하라는 부탁을 하고 함께 살고 있는 가족들과 의논을 하였다. 여러가지 측면에서 논의한 결과, 경제적으로 보아 투자가치가 없다고 장남이 의견을 제시하였다. 아내 역시 별다른 의견을 제시하지 못하며 투자에 대해 반신반의하였다.

다시 고향에 살고 있는 동생에게 전화를 걸었더니 부모님께서 경작하시던 그 밭이 타인에게 넘어가면 아쉬운 감이 있으니 형님께서 여윳돈이 없어 힘드시더라도 잡아 주는 것이 좋지 않겠느냐고 의견을 제시했다.

나 자신도 부모님께서 경작하시던 그 밭이 타인에게 넘어간다고 생각하니 만 가지 생각이 들면서 마음이 착잡하던 터였다. 그래서 경제적 가치보다는 정신적 향수를 생각하며 그 땅을 매입하기로 결정했다. 그래서 큰형님께 동생이 타인과 흥정한 토지대금의 액수를 그대로 주고 내가 인수하겠다는 뜻을 전했다.

그 밭은 내가 어렸을 때 목화를 심던 밭이었다. 아버님께서 쟁기로 밭의 골을 팔 때 흙이 많이 일어나 목화를 덮어버리면 내가 따라다니면서 흙으로 덮인 목화를 일으켜 세웠던 곳이다. 가을이 되면 높고 파란 하늘 아래 하얗게 목화가 피었고 옆에 심은 조와 수수는 알알이 탐스럽게 영글어 이삭들이 고개를 숙였다. 하늬바람이 일렁거릴 때면 깊을 대로 깊어진 가을 속으로 어머니께서 햅쌀밥에 갓 담은 김치를 함지에 이고 나오셨다. 그때 먹었던 점심밥이란! 밭 들머리 잔디 위에 앉아 먹던 김이 모락모락 나는 그 햅쌀밥은 지금까지 내가 먹어본 어떤 음식보다 맛있었다. 세상 어떤 천하진미도 따라올 수 없는 감칠맛이었다.

또 그 밭은 기한 내에 공납금을 납부하지 못하면 수업을 받지 못하고 학교에서 쫓겨나 귀가 조치를 당하던 시절 우리가 학교를 다닐 수 있게 해 주었다. 6 · 25 전쟁 통에 돈을 변통할 수 없었던 농촌마을에 살았던 우리는 그 밭에 풋고추를 심고 내다 팔아 공납금을 냈다. 그래서 그 밭이 더욱 소중하다. 50년이 지났지만 매일매일 계속되고 고된 들일에도 힘들다 않고 풋고추를 한 가마니씩이나 등에 지고 땀을 흘리면서 이불재를 넘어 신반장으로 가시던 아버님의 모습이 눈에 선하다. 그 밭이랑 이랑마다 부모님의 애쓰시던 모습과 들려주시던 말씀이 어려 있어 보기만 해도 향수에 젖는데 어찌 그 밭을 타인에게 넘긴단 말인가.

나는 그 밭에 모두 대추나무를 심었다. 밀양교육청 장학사로 있을 때 관내 중학교 장학지도를 갈 때면 가지마다 자지러지게 매달려 익어가는 검붉은 대추알과 푸른 나뭇잎은 말 그대로 한 폭의 동양화였다.

나는 이 밭을 아름답게 가꾸어 나무가 풍성하게 열매를 맺으면 집안 형제, 조카, 대소댁을 이곳으로 초청할 것이다. 그리고 웃어른부터 가장 많이 달리고 잘 익은 대추나무를 고르라고 한다. 그 나무에 달려 영근 대추알은 그 집 몫이므로 식구들끼리 협동하여 수확하게 하리라. 또 그 옛날 밭 들머리 잔디밭에서 앉아 부모님과 햅쌀밥과 햇김치를 먹었던 것처럼 정성스레 준비한 점심을 초청한 집안사람들과 나누어 먹으리라. 가을 햇살 아래 음식을 나누어 먹으며 그 옛날의 인정과 사랑을 다시 한번 느끼고 싶다. 오늘날에도 집안 혈육과 점심을 나누면 그 옛날의 맛과 흡사한 인정의 맛을 느낄 수 있는지 음미해 보고 싶다.

언제나 올곧게 살아야 한다는 부모님의 교훈이 깃들어 있는 밭에서 자란 대추가 익으면 알맞게 건조하여 1년 내내 두고두고 먹으면 육체에 건강만이 아니라 정신적 자양분이 되어 식구들의 건강을 돌볼 것이다. 이 전답에서 자란 대추알을 통해 우리 집안사람들이 힘든 세상살이에 정신적인 위로를 받았으면 좋겠다.

첫
번
째

길

동창회하던 날

돌아가고 싶다. 나는 돌아가고 싶다. 내 어릴 적 감동의 여진이 정신세계의 심연에서 살아 꿈틀거리고 있던 내 어린 초등학교 시절로 돌아가고 싶다. 그 옛날 죽마고우과 같이 뛰놀던 소시절은 6 · 25가 돌발하여 민족 상쟁相爭의 소용돌이였기에 더욱 그곳으로 돌아가고 싶다. 배움의 교실이 없어 마을회관이 유일한 공부방이었고 술 담던 넓은 방의 양조장이 학습장으로 바뀌어 비좁고 비좁아 몸이 맞닿는 정 넘쳐나는 그 옛날이기에 더욱 그 시절로 돌아가고 싶다.

자고 나면 어떤 친구는 포탄을 갖고 놀다 그놈이 폭발하여 저세상으로 돌아갔다는 이야기, 손가락이 잘려서 병원으로 갔다는 친구의 비보로 온 교실이 슬픔에 잠겨 있던 교실이기에 더욱 그곳에 대한 여진이 남아 잊히지 않는다.

내 일찍이 교직에 몸담아 가르치는 일에 종사했고 그 일을 성실히 수행하기 위해 이곳저곳 전근하면서 교육에 전념했다. 전근하여 근무하는 곳마다 정이야 없을 수 없지만 내가 졸업한 지정초등학교는 교생 실습도 했고, 정식발령을 받고 근무한 곳이기에 더욱 애정이 가는 곳이다. 이렇듯 유년시절부터 젊음의 감수성이 한창일 때 인연이 맺어졌기에 더 강한 애정을 품고 생활했다.

오늘은 동창회하는 날이다. 만국기는 작열灼熱하는 태양 아래 나부끼고 경음악은 은은히 울려퍼지는데 사방팔방에서 동창들이 모여들기 시작했다. 푸른 잔디 위에 넓은 차광막은 솔솔 부는 바람결에 넘실거리면서 곧고 굵은 대나무 받침으로 율동을 연출해 내고 있었다. 삼복더위의 양광은 차광막 사이로 알맞게 내리쬐고 무릎을 맞대고 앉은 동창들의 이야기꽃이 꼬리를 물고 끝이 없이 이어지고 있었다.

입학하던 그 시절은 일제 강점기 말기로 지지리도 못살아 죽을 먹고 학교에 등교했고 검정고무신은 부자가 아니면 신지 못하던 그때의 현실이 새삼 생각났다. 책보따리를 열십자로 둘러메고 필통 속의 몽당연필이 딸가닥딸가닥 하는 소리는 뜀박질과 장단이 맞아 지금도 그 소리가 환청으로 들리는 것 같다.

오늘은 동창회하는 날! 메이커 있는 옷을 입고 값비싼 장식품으로 아름답게 꾸민 겉모습보다 어릴 적 한 가닥 꾸밈없는 진솔한 마음씨가 꽃을 피워 그 향기가 풍길 때 내 진정 그 향기를 맛보려 여기 이곳 천 리 길 멀다 않고 달려왔노라.

넓은 잔디밭 운동장 한쪽에는 윷놀이가 한창 진행되어 앞서는 말군이 뒷말에게 잡아먹히면 탄성과 환호성이 함께 어우러져 천지가 진동하였다. 덩달아 어깨춤과 엉덩이춤이 연속 이어지니 어찌 재미가 솔솔 나지 않겠는가!

운동장 한자리에서 투호놀이가 시작되면 과녁에 맞추어 항아리에 들어갈 때마다 손뼉을 치며 몸 전체가 모둠발로 폴짝폴짝 뛰면서 좋아하는 여성 동창들의 모습은 천진난만하달까, 순진무구하달까. 세월은 흘러가 중년의 여인이지만 마음은 소녀시절로 돌아가니 내 진정 이곳이 아니면 이 열정으로 좋아라 할 곳이 이 세상 어디 있을 수 있겠는가.

민정이는 자신의 아들과 며느리를 대동하고 주름진 얼굴에 머리가 희끗희끗하면서 참가했고, 삼정이는 주유소 때문에, 태우는 집안의 복잡한 문제 때문에 이곳에 오지 못했다고 했다. 각기 사정은 다르지만 보고 싶은 마음은 한 가지로 아물거리는 얼굴 얼굴은 오늘 따라 유난히 떠오르고 있다.

친구여
꿈은 하늘에서 잠자고 추억은 구름 따라 흐르고
친구여 모습은 어딜 갔나 그리운 친구여
옛일 생각날 때마다 우리 잃어버린 정 찾아
친구여 꿈속에서 만날까 조용히 눈을 감네
슬픔도
기쁨도
외로움도 함께했지
부푼 꿈을 안고 내일을 다짐하던
그리운 친구여

노랫소리는 허공을 떠돌아 알맞게 마신 주기酒氣에 맞추어 어깨를 조금만 들라치면 푸른 창공으로 날아갈 것만 같다. 아름다운 멜로디는 운동장 전체에 울려퍼지고 노래자랑 진행자의 재담도 재미있었다.

한 사람 한 사람 출연자의 노래 내용에 도취되어 눈을 지그시 감고 손뼉을 치면서 그 아름다운 운율을 타고 내 마음도 흐르고 있었다. 춤추고 노래 부르고 타령하는 것이 난장판이 아닌 정해진 운율의 강약으로 순조롭게 진행되었다.

죽마고우의 마음이 이심전심으로 통하는 무간無間함의 발로가 아니겠는가! 이렇게 생기가 넘쳐 흐르고 활력이 감도는 무도회는 동창회가 아니면 볼 수 없는 장면이라고 생각이 되었다. 각기 다른 음색을 갖고 각기 다른 몸짓으로 노래 부르고 각기 다른 개성으로 특유의 흉내를 내면서 열창하면서 여기 모인 우리들의 우정은 더욱 굳어질 것이라 생각했다.

우리는 이 시간이 끝나면 자기 자신의 삶의 현장으로 다시 돌아간다. 그러나 현실을 똑바로 직시하되 예전에 비해 더 긍정적으로 살아갈 것이다. 삶이 아무리 고달파도 우리의 생기발랄한 이상향을 생각하면서 희망을 갖고 활력이 넘쳐 흐르는 성공적인 삶이 되도록 노력하자. 그리고 또 모여 그 우정을 되살리고 세세년년 일신일일신우일신日新日日新又日新의 정신으로 살아가자.

첫 번째 길

한가한 날의 나들이

어떤 말 끝에 아내가 한 번도 해금강을 못 가봤다고 했다. 내가 거제 고현종고에 근무하고 전근 갈 때까지도 말이다. 바로 옆에 있는 해금강에 왜 한 번도 관광을 시켜주지 못했는지 아내에게 미안한 마음이 들었다.

밖을 내다보니 때는 춘삼월 호시절이라, 화창한 봄볕은 온 누리를 따스하게 내리쬐고 TV에서는 고로쇠 수액과 매화가 활짝 핀 남도의 봄소식을 전하고 있었다. 해금강과 그 옆의 지상낙원이라 할 수 있는 외도를 영상으로 보는 순간 마음이 들뜨기 시작했다. 바로 기회는 이때다 싶어 아내와 함께 나들이에 나섰다.

차로 집에서 출발하여 산복도로를 지나 밤밭고개를 넘어 눈에 익은 길을 따라 달렸다. 간간이 산천구경을 하면서 그 옛날 통근할 때의 하늘처럼 높이 솟아 있는 구도를 바라보며 진동으로 달려갔다. 이 길은 십여 년 동안 통근한 길로서 봄이면 진달래와 아카시아의 향기가, 여름이면 산야에 무리를 이루는 녹음방초綠陰芳草의 향내가 가을이면 산꼭대기부터 산 아래까지 가득한 단풍나무가 활짝 핀 꽃송이마냥 아름다웠던 그 고갯길이 아니더냐! 오늘이 아닌 다른 여느 때도 이 길만 지나면 푸근한 마음을 갖게 하는 길이었다.

쏜살같이 달리던 차는 천천히 차의 흐름에 따라 달려갔다. 새는 앉은 자리마다 깃이 빠져 흔적을 남긴다고 했다. 여섯 해나 이곳에 교육을 한답시고 지냈던 추억들이 붉은색, 푸른색, 노란색의 깃털처럼 묶여 여러 생각들이 교차했다. 그 시절 제자들은 벌써 한 남자의 아내로, 한 아이의 엄마로 이 세상 어느 곳에서 꿈을 이루며 잘 살고 있겠지. 생각만 하여도 흐뭇한 마음이 앞섰다.

그들이 나를 보면 많이 늙었다고 할까, 아니면 하나도 변하지 않았다고 할까 궁금하기도 했다. 그들이 만들어가는 가정이 언제나 행복한 가정이길 기원했다.

길가에 스쳐 지나가는 풍경은 이삼 년 전과 달리 많은 변화가 있었고 길도 예전에 비해 많이 확장되어 있었다. 뽕나무밭이 푸른 바다가 된다는 상전벽해桑田碧海가 아니고 푸른 바다가 아파트 숲을 이루고 있었다. 이는 인간의 힘이 실로 얼마나 위대한 것인지 보여준 증거가 아니더냐! 하도 많이 변해 차를 세워놓고 눈여겨보고 싶었으나 밀려오는 차량들 때문에 뒤로 미루고 곧장 거제를 향해 달려갔다. 삼십 년 전 고현공고로 첫 부임할 때 비포장도로를 달려갈 때면 먼지가 연기처럼 피어오르고 가마를 타고 시집가는 장면도 보았거늘, 그 새아씨는 이순의 나이가 되어 이 하늘 어딘가에 행복하게 살고 있을까.

차는 달려 견내량을 아래로 굽어보면서 지나가니 이내 성포가 나오고 고현에 도착했다. 시간의 압박을 받아 총총걸음으로 구천 계곡으로 향했다. 가을이면 머루, 다래가 무르익던 예전의 구천계곡은 원시림에 가까운 수해樹海였다. 그런데 지금은 그 자취는 찾아볼 수 없었고 꼬불꼬불한 아스팔트 길 아래 저 멀리 그저 푸른 물만 보일 뿐이다.

조심조심 운전하여 드디어 최종 목적지인 해금강에 도착했다. 먼저 온 여행객들이 차를 주차장에 세워놓고 삼삼오오 무리를 지어 왔다갔다 했다. 점심을 간단히 먹고 급히 유람선에 승선할 수 있었다.

해금강은 바다에서 불쑥 솟아 있는 바위섬으로 그 모습이 금강산의 한 곳처럼 아름답다 해서 붙여진 이름인데 본래의 이름은 '갈곶

췲섬' 이라고 한다. 육십 고개를 훨씬 지나 보이는 노老선장이 마이크를 붙잡고 신나게 설명하는데 이 섬은 십자동굴이 가장 유명하다고 한다. 고요한 날이면 동굴의 중심부에서 배를 타고 들어가 하늘을 보면 하늘이 십자처럼 보인다고 한다.

그 외에도 흙 한줌 없는 바위 꼭대기에 천년을 버티고 살아왔다는 키 작은 소나무 한 그루가 여전히 푸른 자태를 뽐내고 있었는데 가장 기억에 남는 장면이라고 즐겁게 설명한다.

진시황이 불로초를 구하기 위해 많은 무리를 거느리고 이곳 사자바위에 그네를 매어 타고 놀았다는 전설, 병풍바위, 거북바위, 해와 달이 한곳에서 뜨고 진다는 일월관암 등 아무리 맑은 날이라도 아스라한 안개에 쌓여 있는 한산도의 아름다운 섬들은 이채로운 절경의 섬이라 설명했다. 그리고 700여 종의 식물이 서로 의지하면서 상생하며 살아가는 섬이라 힘주어 말했다.

배는 급히 진로를 바꾸어 매력적이고 환성적인 섬 외도해상농원으로 향했다. 몇번 유람선이 할딱거리며 뒤뚱거리더니 이내 외도의 선착장에 도착했다. 유람선은 여러 곳에서 온 바, 배의 명칭이 갖가지였다. 접안되었다가 이내 대기장소로 나가고 다시 접안하여 승객이 내리는 등 안내자의 지시에 따라 입장료를 지불했다.

앞에는 빨간 기와가 이어진 예쁜 아치의 정문이 우리를 반겨주었다. 약간 경사진 길을 오르니 백여 년 된 나무에 외도라고 양각으로 새겨놓아 첫인상에 범상이 아님을 풍겼다. 안내하는 길 따라 걸어 오르면 아열대 식물원이 시작된다. 길 양쪽에는 야자나무들이 무리 지어 있어 이국적인 멋을 한껏 느낄 수 있었다.

이 길 따라 돌아서 오르니 베르사이유를 축소해 놓은 듯한 비너스 가든이 있었다. 그곳에는 열두 개의 비너스 조각들이 전시되어 있었고 그 옆 파라다이스 라운지에서 간단히 음료를 마시며 멀리 남해 한려해상을 볼 수 있는 전망대가 있었다. 그곳에서 한려해상을 바라보니 가슴이 확 트이는 듯했다.

길을 돌아 오르면 잘 가꾸어진 튤립이 펼쳐져 있었다. 갓 어린 새싹들이 형형색색의 군집으로 예쁘게 꽃 피울 꿈을 꾸고 있다. 발아래는 청색의 바다와 하얀 물보라가 보이고 휘돌아 오르니 길이 끊어져 있었다. 천상으로 오르는 계단을 밟고 빠져나가니 환상적인 낙원이 또 한세상 전개되어 있었다. 우거진 동백나무 숲 사이로 잔디가 탐스럽게 자라 융단처럼 포근하게 깔려 있고 요소요소의 조각품이 마치 이상향을 꿈꾸며 자신의 세계를 이루고 있는 것 같았다.

오솔길을 따라 조금 지나니 외도에서 조망하기 좋은 놀이공원이 있었다. 민속놀이인 제기차기, 기마전놀이를 조각품으로 표현해 놓았다. 이곳에 머무르고 싶었지만 다음 만나는 곳이 기다리고 있었기에 유명한 천국의 계단을 지나 내려왔다. 계단을 내려오다 보면 편백, 방풍림을 태피스트리처럼 잘 짜놓은 곳이 있었는데 이는 주제별로 가꾸어져 있었다. 그 계단을 통해 이승으로 다시 오기 위해 유람선이 있는 부두를 향했다.

외도로 갈 때보다 바다는 더 잔잔해져 있었다. 해금강이 창조주가 우리에게 준 자연의 예술품이라면 외도는 자연에다 인공을 가미한 아름다운 예술품이라는 생각이 들었다.

드디어 해금강 선착장에 도착했다. 부두에서 뭍으로 오르는 오솔길에 흰머리의 노부부가 손을 꼭 잡고 아내를 부축하여 걸어가는 모습이 보였다. 마치 나의 미래를 보는 느낌이 들었다.

해금강호텔 잔디정원에서 이 지방 해산물을 원가로 판매한다는 말에 이끌려 가 보았다. 미역이 있었다. 그것을 보니 옛날에 어머님이 이곳에서 산 미역을 보고 좋아하시던 모습이 떠올라 아내에게도 사주었더니 매우 좋아하였다. 해금강 구경을 못해 늘 마음 한구석이 서운했을 아내에게 좋은 여행이 되었으면 하는 바람이다.

서쪽으로 넘어가는 해는 붉은 노을이 되어 넓은 대지를 밝게 비추고 있었다.

첫 번째 길

병철이를 생각하면서

3월이 지나고 4월 초가 되어도 이제는 바빠지기는커녕 한가하기 짝이 없다. 퇴임한 노교장이 말하기로 하루 쉬고 하루 놀고 하니 바쁘기가 이루 말할 수 없다고 하였다.

그러나 이렇게 여가가 많은 틈새로 새어나는 기억들이 마구 쏟아져 나오는데 그중에서도 나의 애증의 마음이 휘몰아치는 병철이에 대해서는 왜 측은한 생각만 되씹고 있는지…. 옛말에 군사부일체라고 하지 않았던가. 이것은 아마 제자에 대한 부모 같은 심정이 아닐

런지.

하루는 2교시 수업을 마치고 쉬는 시간에 책상 정리를 분주히 하고 있는데 골마루에서 우리 교실을 힐끔힐끔 바라보면서 왔다갔다 하는 여인이 있었다. 이상하다는 예감이 들었다. 그 여인은 내가 있는 교실 안으로 가까이 다가와 낮은 목소리로 "제가 병철이 엄마인데 병철이 어디에 있습니까?" 하고 묻지 않는가. 그 어머니는 입술을 파르르 떨면서 경련이 일어날 듯한 몸을 간신히 진정시키면서 조용히 아들 병철이에 대해 묻고 있었다.

하도 간절한 물음이기에 어찌된 영문인지 알아보지도 않고 가르쳐주었다. 그녀는 맨 왼쪽줄 앞에서 세 번째에 앉아 있는 학생이라는 나의 말만 듣고 병철이가 눈치 채지 않게 눈여겨보고는 교실 밖으로 사라졌다.

어머니가 아들을 찾고 아들이 어머니를 그리워하는 뜻은 천륜이라 말할 수 있다. 천륜은 하늘이 정해준 인연인데 도대체 무슨 일일까? 하도 갑자기 생긴 일이라 수업을 진행하는 내내 교실의 분위기는 어수선하였다. 학생들이 서로 눈치를 보는 것 같고 병철이는 교실 밖을 내다보면서 먼 곳의 그 무언가를 응시하는 것 같았다.

이윽고 점심시간이 될 무렵 그 여인은 골마루에서 또다시 왔다갔다하더니 학생들이 모두 운동장으로 자유놀이를 하기 위해 삼삼오오 짝을 지어 나가고 나서야 들어와 담임인 나에게 자초지종을 설명했다.

그녀는 병철이를 고아원에 맡기지 않을 수 없었다고 한다. 그동안의 사정을 들어보니 소설 속의 주인공처럼 한恨과 고생과 괴로움이 점철되어 눈물 없이 들을 수 없는 한 편의 드라마였다. 이 여인은 어머니로서의 자식 사랑을 포기할 수 없었고 이제는 대전에서 미용실을 경영하고 있어 의식주는 해결되므로 언젠가는 아들과 같이 살 계획이었다. 그러면서 가지고 온 돈 몇 푼을 내놓으며 담임인 내가 보호자가 되어 병철이가 갖고 싶어하는 것, 먹고 싶어하는 것을 알아서 제공해 주십사 하고 간곡한 부탁을 하는 것이었다. 운동장을 나간 학생들이 교실로 돌아오자 다시 오겠다는 말을 남기고 총총히 교실 밖으로 사라졌다.

그때부터 병철이가 느낄 수 없도록 행동하면서 은연중에 주시해 보았다. 병철이는 그녀가 어머니인 줄 모르리라. 그러나 나의 예측은 적중하지 못했다.

병철이 어머니가 교실을 찾아온 그날은 그럭저럭 평온하게 지낸 듯하였으나 자신의 어머님이 아니었을까 나를 바라보는 눈길, 천륜인 자식과 어머니의 사랑이 교차되는 동안 모든 행동을 간파하고 있었다는 것을 다음 날 알 수 있었다.

병철이를 삼랑진파출소에서 보호하고 있으나 귀가조치하라는 전화가 온 것이다. 다음 날 학교에 출석한 병철이와 대화를 나누니 가출 이유를 알 수 있었다. 병철이는 그날 찾아온 여인이 어머니라고 확신하였으며 이 세상 어딘가에 어머니가 살아계신다가는 사실과 찾아가면 만날 수 있다는 희망으로 정처없이 떠났다는 것이었다.

나는 그의 손을 잡고 머리를 쓰다듬으면서 하도 측은하여 그 사람은 너의 어머니가 틀림없다. 네가 공부를 열심히 하고 있으면 찾아온다고 하였으며 너희 어머니께서 너와 같이 살 계획을 하고 있다고 말해 주었다. 그 후 병철이는 담임 섬생님의 희망적인 관심으로 학교생활을 성실히 하고 있었다.

나는 병철이 어머니는 꼭 오실 거란 믿음을 가지고 있었다. 그 여인이 나타나 이 아이를 데리고 가는 다정한 모습을 그리면서 오늘이 그날인가, 내일이 그날인가 하면서 오매불망 기다렸다. 그러던 중 어느 날 그 여인이 골마루에서 서성거리지 않는가? 하도 반가워 골마루로 뛰어나가 귓속말로 이야기를 나누어 보니 오늘은 병철이를 고아원 식구 몰래 데리고 갈 준비를 하고 왔다는 것이었다.

모자가 만날 장소를 마련해달라는 요청에 따라 옆에 비어 있는 숙직실로 먼저 가 계시도록 했다. 교실을 정리정돈한 후 학생들이 낌새를 못 채도록 5분 발표를 하게 해 놓고 병철이를 데리고 학교 뒷골목을 통과하여 숙직실 문을 열었다. 어머니는 상기된 얼굴로 병철이를 기다리고 있었다.

뒤따라온 병철이와 어머니는 첫 대면을 하는 순간 이산가족처럼 얼싸안고 눈물을 흘릴 줄 알았는데 일정한 거리를 두고 서로 눈길만 주고 있을 뿐이었다. 시간이 흐르자 어머니가 "병철아, 내가 엄마다." 하고 말했지만 병철이는 물끄러미 쳐다보고 있을 뿐 아무 말이 없었다.

옆에 앉아 있는 내가 하도 딱하여 "병철아, 어머니 하고 한 번 불러 보아라." 하고 옆에서 조용히 말하였으나 묵묵부답이다. 무표정한 얼굴로 눈을 옆으로 힐끔거리거나 고개를 숙이고 방바닥만 쳐다본다. 가끔 어머니 되는 그 여인을 한 번씩 쳐다보기만 할 뿐 말이 없는 침묵의 시간이 꽤 많이 흘렀다. 그 어머니도 안절부절못하고 옆에 앉아 있는 나도 민망할 정도로 분위기가 굳어졌다. 순간 조금 전의 애절하고 절박한 자식 사랑은 온데간데없고 여자들 특유의 냉엄한 얼굴로 변하여 찬바람이 쌩하는 분위기가 형성되고 말았다. 병철이는 그것도 모르는 양 끝내 어머니라고 부르지 않았다.

아들을 데리고 대전을 갈 꿈을 안고 왔으나 병철이의 침묵에 어머니는 일어서더니 뒤에 다시 오겠다는 말을 남기고 종종걸음으로 학교를 떠났다. 그 후 나는 병철이 어머니를 다시 보지 못했다.

오늘은 날씨가 화창하다. 꼭 30년 전 그들 그때 같은 느낌이 든다. 나는 그날 병철이의 무심한 표정과 침묵 속에서 병철이 부모의 부부간 불화와 앙금의 골이 깊어 병철이의 가슴에 커다랗게 상처를 남겼음을 알았다. 그리움보다 더한 상처. 엄마를 찾아 나서던 병철이의 마음을 닫게 한 그 상처는 지금쯤은 나았을까? 그리고 그 어머니는 아들의 무심함 앞에 그렇데 단번에 발길을 돌려야 했을까? 남편이 아내에게 쏟아붓던 그 메마름이 병철이에게 투사되어 병철 어머니께 전의된 것일까? 그래서 그렇게 확 변하여 자식을 두고 떠날 수 있었을까.

지금쯤 병철이는 성인이 되어 가정을 꾸려 나가면서 어머님의 애정을 그리워하고 있을까? 아니면 두 모자가 상봉하여 다정한 정을 나누면서 생활하고 있을까? 아지랑이 피어오르는 이 봄날에 봄 빛깔보다 더 고운 미소를 간직한 삶이 병철이에게 안겼으면 좋겠다.

첫번째 길

향수鄕愁에 끌리는 마음

문설주에 기대 얼굴 붉히며 임을 기다리는 숫처녀의 마음이 이리 설렐까?

모교에서 졸업장 수여식을 한다는 안내장을 받아 쥔 그날부터 마음은 설레고 머릿속에는 모교 교정을 같이 뛰놀던 친구들의 얼굴에서부터 생생한 반세기의 기억들이 오버랩된다.

6 · 25전쟁의 잿더미 속에서 천우신조로 살아남은 30여 명의 졸업 동기생. 전쟁의 화마로 교사校舍가 불타 졸업장을 받지 못했던 친구

들. 전쟁의 고통과 참상을 몸소 겪으면서 어려운 시절을 함께 보낸 동기생들이기에 더욱 만감이 스친다. 무슨 일이 있어도 올해 졸업식에 꼭 참석하리라. 그래서 이다지도 설레는 마음을 교정에 굽이굽이 풀어보리라는 생각이 절로 든다.

그동안 학교에서 반세기에 가까운 나날들을 보내고 맞았지만 하루하루 나의 책임을 다하기 위해 앞도 옆도 돌아볼 겨를 없이 지냈다. 그러나 오늘은 숨가쁘게 지내온 날들의 뒤안길을 돌아본다. 흘러간 세월을 역류하여 아스라하게 내비친 옛일을 비집어 열어 추억 하나씩 꺼내본다.

그때 전방에서 전쟁이 아직 끝나지 않아 누구 아들은 어젯밤에 홀치기당하여 끌려가고 누구네는 인민군과 싸우다 부상당하여 군병원에 입원했다니 하는 별별 소식이 연일 계속되고 있었다.

또한 우리 학교는 낙동강 전투에서 폐허가 된 교사校舍며 책걸상이 복구되지 않아 남의 집 양조장이나 회관 건물을 교실로 이용하여 공부에 열중했다. 쉬는 시간 교실에서는 누구의 부모님이 전쟁 때 돌아가셨다는 둥 누구의 부모는 그때 보도연맹으로 국가 체제에 반대하는 사상이라고 총살당했다는 등의 소식이 심심찮게 친구들의 입에서 입으로 전해지기도 했다.

비행기 폭격으로 폐허가 된 교실을 텃밭으로 일구었는데, 밭고랑 사이로 빨갛게 익은 토마토는 어린 소년들의 굶주린 배를 끊임없이 자극했다.

어느 날 의기투합한 우리는 고픈 배를 채우기 위해 텃밭으로 돌진, 토마토를 주머니에 가득 따 넣었다. 막 탈출하려는 찰나 마주친 선생님. 불룩한 주머니를 다 털리고 잡혀서 기합받던 소년들. 백발이 성성한 노년기의 뇌리에 어찌 이리도 생생한지.

모처럼 만난 친구 진환이의 입에서 시작된 옛이야기는 꼬리에 꼬리 물고 샘물처럼 솟아나 맑은 늦겨울 하늘을 채우며 시간의 흐름을 잊게 하고 우리들 주름진 얼굴을 동안으로 만든다. 급기야 이야기의 씨앗은 친구들의 입을 거칠수록 잎이 돋고 자라고 또 자라서 가지가 되고 몸뚱아리가 되어 열매를 맺는가 싶더니 그 열매조차 열두 곡조로 넘어가 그 재미 또한 쏠쏠하다.

지정초등학교에서 보낸 6년의 시간은 내게 어린 꿈을 심어 주었고 어떤 인연인지 나는 모교에서 첫 교편을 잡게 되었다. 그리고 이 경험이야말로 젊은 날의 이상과 희망으로 40여 년의 교직생활을 하는 동안 정신적 바탕이 되었기에 다른 졸업생보다 나의 감회가 깊지 않을 수 없었다.

내가 모교 교단에서 아이들을 가르칠 때의 일도 눈에 선하다. 그때 그 아이들에게 나는 어떤 선생이었을까? 지금이야 중학교 진학이 시험 없이 추첨으로 결정되지만 그때는 지독한 시험경쟁으로 그 준비에 여념이 없었는데….

전기가 없어 남폿불을 켜놓고 예상 시험문제를 프린트하던 그 시절. 시험 며칠 후 재진이가 전해준 '선생님 합격하였습니다' 라는 쪽지. 그 쪽지가 너무 소중해 책갈피 속에 넣어 하루에도 몇 번씩 꺼내보며 좋아하던 내 젊은 날의 초상. 그도 그럴 것이 한 교실 50여 명의 농촌학생 중 단 4명만 합격했고 그중 한 명이 우리 반 학생이었으니 내게는 너무나 큰 기쁨이요, 희열이었다.

늘 젊은 날의 이상을 가슴에 품고 어려운 삶 속에서도 잃지 않는 희망과 참 지식을 심어 주려 노력했지만 내 이야기는 흙과 뒹구는 개구쟁이 녀석들의 마음에 얼마나 담겼을까? 사뭇 궁금해진다. 다만 내가 담임한 개구쟁이 녀석들이 모두 잘 자라 이 고장과 사회를 지켜나가는 일꾼으로 자리하고 있길 빌 뿐이다.

사람은 늙으면 고향을 찾아든다 했던가. 그래서 이다지도 마음이 설레고 며칠째 생각이 오락가락했던가? 나의 이상향인 고향. 내 어린 꿈의 첫 무대이자 내 첫 교편의 출발지에서 반세기를 돌아 받아드는 졸업장은 수줍은 처녀의 설레임으로 남아 날 한없이 그리운 이야기 속에 잠기게 한다.

첫 번 째 길

사랑보다 귀한 것은 정이런가

학교 수업을 끝내고 퇴근할 무렵이면 으레 끼리끼리 모여 막걸리 한잔 나누고 귀가하곤 한다. 오늘도 몇몇 동료와 함께 항상 마음 편하게 찾아드는 주점에서 소주 한잔 기울이며 한가하게 여담을 나누게 되었다. 술잔이 오가는 내내 무언으로 일관하던 노 선생님께서 취기가 오르자 갑자기 하시는 말씀인즉 "우리 예담이는 고것이 예쁘기는 말할 수 없고 귀여운 동작은 얄미울 정도로 앙증스럽고 짓

굿게 행동하니 하루에도 몇번이나 보고 싶어 죽을 지경이다."

이 아이 예담이는 노老 선생님의 집(아이의 외가)에서 외할머니의 보살핌으로 자라고 있는 외손녀로 종종 맛있는 과자를 사 가지고 집에 가면 좋아하는 그 모습을 보는 것이 유일무이한 낙이라고 술회한다.

옆에 앉아 있는 같은 또래의 선생님께서도 외손녀 이야기를 풀어놓으시는데 그는 한술 더 뜨신다.

"나는 딸이 셋이 있는데 그중 큰놈이 결혼하여 아이를 출산했네. 하지만 직장을 다니는지라 안사람이 양육을 하게 되었지. 젖먹이에서 한달 두달 성장하는 모습을 지켜보는 재미가 여간 좋은 게 아니었네. 이제 우리 세 식구는 서로 탁정託情이 되어 못 보면 보고 싶은 심정은 말할 수 없이 깊어져 갔다네. 근데 하루는 딸 내외가 와서 외할머니 무릎에 앉아 있는 자기 딸을 '엄마한테 오너라' 하고 한번 안아보려는데, 외손녀가 외할머니 품에 꼭 안기며 엄마에게 가지 않으려고 하는 걸세. 그래 그애 엄마가 충격을 받았지. 모녀간에 정이 없으면 큰일 나겠다고 그 이후로 직장을 그만두고 이제는 그애 엄마가 양육을 하고 있다네."

자신의 아이는 어미가 양육한다고 갑자기 외손녀가 외할아버지인 자기 곁을 떠나게 되었다는 것이다. 하룻밤을 지내고 이튿날 떠나는데 자기도 모르게 눈물이 쏟아지더란다. 같이 사는 둘째와 셋째 딸 그리고 아내에게 보이지 않으려고 하면 할수록 더욱 더 눈물이 쏟아져 다른 식구가 보이지 않은 방 안에 들어가서 엉엉 소리내어 울었다는 것이다. 며느리 사랑은 시아버지, 손자 사랑은 할아버지라고 말하였던가. 옛날 어른들의 말씀 하나하나가 이치에 꼭 맞는 말이야 하면서 맞장구를 쳤다.

나도 옆에 앉아 "맞는 말이야. 그것이 맞고 말고." 고개를 끄덕이며 그것이 사랑인가? 또 다른 정이런가 하며 생각에 잠기게 되었다. 나 역시 손녀가 3년간 아내의 품에서 자라다 제 어미를 따라 서울로 이사 가던 날, 먼 산을 쳐다보며 서운한 눈물을 감추었다.

며느리는 중학교 교사로 근무하였기 때문에 손녀는 이모에게 맡겨져 하루하루 지낸다고 들었다. 손녀가 아파트 2층 베란다에 서서 엄마를 향해 "엄마, 빨리 오세요." 하면서 울었다는 이야기를 지인을 통해 듣고 얼마나 애처롭게 느껴졌는지 모른다.

한 다리가 천리라는 말이 있다. 이모라고 하지만 조부모의 보호만큼 거두어 주겠는가. 그리고 처음 서울로 가 낯설고 물설은 타향에서 그 어린것이 엄마의 사랑, 아니 그 도타운 정이 얼마나 그리웠으면 베란다에서 엄마 오는 방향을 바라보며 울었겠는가 생각하니 안쓰러워 숨이 막힐 지경이었다.

내일모레면 이순이 될 선생님들의 좌중 이야기. 모두 다 천륜 즉 하늘이 정해준 뜻에 따른 순리적인 이야기인 것 같다. 손자손녀들이 귀엽고 예쁘게 느껴지는 것은 아마도 인륜의 이치가 아니고 천륜의 사랑이요 정이지 싶다.

대중가요 중 〈들국화 여인〉이라는 노래가 있다. 그 노래의 내용인즉 사랑에 병이 나면 무슨 약이 있을까? 그것은 하나 오직 당신의 정이 약이라고 했는데 정말 정이 사랑의 병을 치유하는 약일까? 그렇다면 우린 모두 정으로 이 세상을 아름답게 꾸며 나가야 하지 않을까?

정이란 사람의 혼과 살의 섬유섬유가 골속까지 밀착되어 있는 것이라 하였던가. 사랑보다 더한 정을 베풀면서 사는 삶 속에서 가족의 사랑도 자람을 상기하게 된다.

첫 번 째 길

그리운 영현이의 미소

구름이 흘러가도 푸른 하늘은 남는 것처럼 세월이 흘러가도 옛 모습의 제자들은 뇌리에 고스란히 남아 가끔씩 생각에 잠기게 한다.

청순하고 구김살 없는 천진난만한 행동들, 엄청난 예지가 담긴 초롱초롱한 눈망울, 온 세상을 주름잡을 것 같은 용감한 투혼을 가졌던 제자 영현이.

그는 동쪽으로 의령의 명산 자굴산에서 시발한 큰 개천이 흐르고 흘러 낙동강에 합류하고 육로로는 마산, 진주, 대구 등 사통팔달 외지로 나갈 수 있는 교통의 요충지인 들녘에 자리한 동저북고의 아담한 농촌 양지바른 마을에서 태어났다.

남존여비사상이 강했던 농촌 마을 딸 많은 가난한 표씨表氏 집안의 막내아들로 태어난 그는 과잉보호라 할 정도로 부모의 사랑과 온 가족들의 총애를 받고 자라났다.

그의 집에서 학교까지의 통학거리는 약 2㎞ 정도였다. 그 길은 중간에 큰 시내가 흐르는 돌자갈길로 평상시에도 험악한 길이었지만, 다리가 없어 비만 오면 옷을 벗어 한 묶음으로 엮고 머리 위에 얹어 허리띠로 졸라매고 사력을 다하여 물을 건너야 하는 길이었다.

어느 해인가. 보리 수확 무렵 연일 비가 내려 수확한 보리에 싹이 나서 보리이삭 자체가 한 덩어리로 파랗게 변하는 이변이 일어난 적이 있다. 그나마 일손이 닿는 사람들은 장소를 이리저리 옮겨가며 말리려도 애도 써보았지만 결국 보리는 곰팡이가 펴 모두 못 쓰게 되었던 것이다. 보리 수확이 이렇게 되자 농촌 마을은 봄 흉년이 되어 민심이 흉흉해졌다. 이 어려운 때 영현이 부모님은 애지중지 키우는 아들의 기를 살리기 위해 영현이에게 운동화를 사주었던 모양이다.

하루는 일과를 끝내고 종례를 하는데 영현이가 새 운동화를 책 보퉁이에 책과 함께 싸서 허리에 동여매고 있었다. 그 모양새가 이상하여 무슨 까닭인지 궁금했던 나는 종례를 마치고 그를 불러 물으니 어머니께서 물이 들어가 운동화 안에 스며들면 운동화 바닥에 붙여놓은 풀이 떨어져 당장 신을 수 없게 된다고 하셨다고 한다. 자기는 맨발로 뛰어가면 된다면서 그 순진무구하고 청순한 얼굴로 환하게 웃는게 아닌가! 나는 그날 그렇게 환하게 웃던 영현이의 모습이 40여 년이 지난 지금도 잊혀지지 않는다.

나뿐만 아니라 대부분의 사람이 어린아이들의 미소를 좋아할 것이다. 그러니 선거유세 도중 후보자들이 아이를 안고 환호하는 청중에게 손을 높이 들어 답례를 하고, 큰 행사나 대회 시작에 앞서 어린아이에게 넓은 운동장을 가로질러 굴렁쇠를 굴리게 하며, 또 도시나 마을 입구에 예를 들어 "희망과 꿈을 주는 마산"이라는 글귀와 함께 모자를 쓰고 미소를 짓고 있는 소년의 간판을 걸어두는 것이리라. 이 모두 순진무구한 어린아이의 웃음이 주는 밝고 행복한 이미지를 이용하는 것이다.

지금 우리가 살고 있는 현대사회는 문명이 발달하면서 과거에 비해 많은 사람들이 복잡하게 얽히고설켜 씨줄과 날줄을 이루며 한 폭의 피륙이 형성되듯이 돌아간다. 그러니 과거에 비해 세파가 강하게 몰아치는데 나도 이 사회의 일원이므로 이 세파의 급류를 피할 수 없다.

사회인으로 40여 년간 곡예사처럼 휘몰아치는 인생의 파도를 타며 자의 반 타의 반 이런저런 기술을 발휘해 보았지만 지금 와서 생각해보면 신통찮은 결과만 남은 것 같아 씁쓸함이 크다.

내 이제 인생의 뒤안길에서 지난날을 되돌아보니 세상 사람 모두가 40여 년 전 내가 보았던 영현이의 그 순진무구한 미소로 살아간다면 더 맑고 아름다운, 진정 살 만한 세상이 되지 않을까 싶다. 이런 생각을 하니 오늘따라 영현이의 그 환한 미소가 몹시도 그립다.

두 번 째 길

연적의 편지를 받고

두 번째 길

연적의 편지를 받고

여고 이 학년을 담임할 때의 일이다.

교무실에서 사무보조를 하는 아이가 건네주는 하얀 봉투의 편지를 받았다. 그런데 수신자의 주소는 정확하게 명기되어 있는데 발송자 표시가 없었다. 조심스럽게 윗부분을 가위로 잘라 개봉하니 깨알 같은 글씨가 눈에 들어왔다.

내용인즉 우리 반 이양이 ○○고등학교 최군과 사귀며 자취방에서 밤늦도록 함께 노는데, 학생의 신분으로 이런 행동을 해도 괜찮은 것이냐며 담임이 생활지도를 하라는 것이었다.

처음에는 누군가 친구의 탈선을 보고 도와주기 위해서 한 착한 행동이라며 기특奇特하게 생각했다. 이양을 불러 이야기하니 처음엔 부정하다가 편지로 일러준 학생의 말대로 시간에 따라 세세하게 말하자 수긍하며 다시는 그런 행동을 하지 않겠다고 약속했다.

그런데 얼마 후 전에 본 그 글씨의 편지가 또 한 장 날아왔다. 의아한 심정으로 편지를 개봉하였다. 선생님께 주의를 듣고 그때는 만나지 않더니 수 주일 지난 후 다시 만나기 시작하여 요즘은 매일 만나 밤이 이슥하도록 불까지 끄고 함께 있으니 철저하게 생활지도를 하지 않으면 안된다고 호소하고 있는 것이 아닌가!

그 내용이 지나치게 세세한 것이 이상하여 반 학생을 불러 물으니 짐작 가는 학생들이 있다는 것이다.

여학생 둘은 중학교 동기생으로 같은 여고에 진학하였고 상대방 남학생은 ○○고에 진학하여 처음에는 셋이 그냥 친구로 친하게 어울렸다고 한다. 그런데 남학생이 우리 반 이양을 좋아하게 되자 문제가 생긴 것이다. 편지를 보내는 여학생은 담임인 나를 통해 선도한답시고 둘 사이를 갈라놓으려 한 것이다. 그리고 틈이 생긴 사이로 그 남학생과 사귀려고 했던 모양이다. 편지를 보냈다고 의심되는 여학생의 노트를 입수하여 편지와 비교해 보니 한 사람의 글씨임을 알 수 있었다.

아! 이것이 바로 한 남학생과 두 여학생의 사랑, 즉 삼각관계이며 둘은 연적이었던 것이다. 어떻게 하면 서로 상처받지 않고 자연스레 해결할 수 있을까 상당히 많은 시간을 여러 가지로 궁리하였다.

원래 남녀 간의 사랑이란 순리대로 두면 굽이굽이 샘물처럼 솟아나서 시기가 되면 결실을 맺게 된다. 그러나 거기에 누군가 끼어들어 반목과 시기, 질투가 더해지면서 열두 굽이 꼬이고 꼬여 결국은 예측할 수 없는 대활극이 펼쳐질 수도 있는 것이다.

아직은 어린 한 남학생과 두 여학생의 순수해야 할 사랑을 생각하면서 조심스럽게 아무도 몰래 학교의 외진 곳으로 편지를 보낸 여학생을 불렀다. 마주 앉아 네가 보낸 것이냐며 편지를 펼쳐보였다. 순간 그 여학생은 몸을 떨면서 당황하여 안절부절 어쩔 줄을 모른다.

내심 걱정했던 나는 그런 모습을 보고 참으로 다행이라는 생각과 함께 한결 마음이 차분해졌다. 얼굴색 하나 변하지 않고 딱 잡아떼며 화를 내는 모습에 비하면 얼마나 순수하고 아름다운 모습인가! 자신의 잘못에 대한 미안함을 말 이전에 행동으로 보여주었던 그 학생의 모습을 통해 나는 학생들이 아무리 일탈을 해도 그들은 역시 순수하다는 생각을 하였다.

벌써 30여 년이 흘렀지만 지금도 자신의 잘못을 묻는 물음에 몸을 떨려 행동으로 대답했던 그녀의 아름답고 순수한 모습이 내 기억 속에 남아 있다.

아마 지금쯤은 세 사람 다 가정을 이루어 살고 있을 것이다. 그 남학생과 이양 또한 그 남학생과 편지를 보낸 여학생, 누구와 결혼해서 살아도 살지 않아도 관계없지만 모두 아들 딸 낳고 보통 가정보다 조금 더 행복한 모습으로 오순도순 잘 살고 있었으면 하는 바람이다. 제자가 행복하게 살기 바라는 선생의 마음은 자식이 잘 살기 바라는 부모의 마음과 같으므로.

두번째 길

이 세상 어딘가에서 잘 살아야 한다

"선생님 피납니다." 하는 소리가 귓전을 울리기에 교단에 서 있다가 급히 교실 뒤쪽으로 가보니 싸한 피비린내가 지독하게 후각을 자극하는 가운데 한 학생이 울컥울컥 피가 나오는 코를 손수건으로 막고 있었다. 손수건을 옆으로 젖히니 방금 전 출석부로 머리를 맞은 ○○이 아닌가! 순간 당황스러워 이러저리 왔다갔다 하는데 마침 지나가시던 체육선생님이 보시고 이 아이는 이런 일이 자주 있으니 당황하지 말고 택시를 불러 다른 학생을 딸려 교의인 ○○병원으로 보내라는 것이었다.

병원에서 어떻게 하고 있을까. 아직도 비공鼻孔으로 피가 펑펑 나오지는 않을까 걱정을 태산같이 하고 있는데 동행한 학생이 ○○이 주사를 한 대 맞고 웃으면서 집으로 갔다는 것이었다. 그런데 이 일이 있은 뒤 ○○은 학급에서 괴성을 지르며 떠들고 종횡무진, 천방지축으로 행동하였다. 조심스럽게 접근하여 알아듣게 타일러도 듣지 않고 마구 망나니짓을 하는 것이었다.

○○는 선천적으로 양미간 사이에 실핏줄이 약하여 일부러 화를 내어 그 부분을 힘껏 비비면 피를 토해낼 수 있었다. 이 점을 이용하여 학년 초 담임인 내게 겁을 주어 혹 잘못을 하더라도 자신에게 간섭을 못하도록 엄포를 준 것이다. 자신을 위한 일종의 보호막을 친 것이었다.

하루는 전화가 와서 받아보니 수화기 저편 상대방이 조리 있게 말을 못할 정도로 흥분하며 노발대발하였다. 이야기인즉 자신은 슈퍼마켓 주인인데 한 학생이 통로를 통해서 외진 곳으로 들어가더란다. 그래서 천장의 거울 반사경을 이용하여 유심히 살펴보니 볼펜, 만년필 등의 학용품을 속옷의 윗부분에 가득 집어넣고 도망가려고 하여 주인이 그 현장에서 속옷을 보자고 하니 한달에 한번 있는 마술에 걸려서 보여줄 수 없다고 잘라 말하더란다.

그러면 주인이 순경 입회하에 보자고 실랑이를 하는 사이 그 학생이 줄행랑을 쳤다는 것이다. 손님도 있고 가게를 비울 수 없어 따라가지 못하고 닭 쫓던 개처럼 물끄러미 바라보고 있을 수밖에 없었단다. 그런데 조금 후에 다시 돌아온 그 학생이 얼굴에 화를 잔뜩 품고 가누지 못할 정도로 몸을 부들부들 떨며 치마를 들어보이면서 무엇이 있느냐고 항의를 계속해 너무 기가 막혀 고발하여 법적으로 처리하겠다고 하는 것이다. 그 학생이 바로 ○○이다.

비단 이 일뿐만 아니라 골치 아픈 일을 계속해서 일으켰다. 한 학생이 체육복 대금을 가져와 책 속에 넣어둔 돈을 ○○이 가져갔다고 하고 어떤 학생은 ○○이 훔친 돈을 가지고 교내 매점에서 사용하는 것을 보았다고도 한다. 심지어는 며칠 전 슈퍼마켓에서 훔친 만년필이며 볼펜을 가져와 친구들에게 헐값에 팔기도 했단다. 친구들은 학급의 불미스러운 일들을 모두 ○○의 소행으로 단정하였지만 확증이 되는 단서를 잡지 못해 의심만 할 뿐 밝히지는 못하였다.

고등학교 2학년이면 나이 18세이므로 이미 머리가 굵어 이 말하면 저 말로 응수하는 수준이 상당했다. 특히 ○○는 임기응변으로 요리조리 피해가는 요령이 보통이 아니었다. 어머니가 딸을 데리고 지금의 새아버지에게 개가했다는데 평소에도 의붓 형제들과 자주 마찰을 일으키는 등 가정적으로나 정서적으로 문제가 많은 학생이었다.

슈퍼마켓 주인과 체육대금을 잃어버린 학생의 부모가 매우 강경하게 처벌을 요구하므로 할 수 없이 학부형을 소환했다. 자초지종을 들은 ○○의 어머니는 백배사죄하며 잘 타이르고 가르쳐 다시는 이런 일이 일어나지 않도록 조심시키겠다고 약속하며 집으로 돌아갔다.

그런데 그 다음이 문제였다. 집으로 돌아간 후 학생을 학교에 보내지도 않고 전화상으로 담임인 나와 대화를 나누다가 일방적으로 전화를 끊기도 하고 욕설을 퍼붓기도 했다. 나중엔 그 정도가 말로 표현할 수 없을 정도로 극에 달하여 한밤중에 전화를 걸어 행패를 부리기도 했다. 자다가 깨어나 봉변당하기를 수십 차례. 지금 생각해도 참으로 막무가내인 학부형이었다.

혼자 오롯이 그런 욕설과 행패를 감당하고 있을 때 당시 교감으로 계시던 선생님이 직접 학생의 집까지 방문하면서 진실을 밝히고 학생의 인간됨을 교육시키기 위해 학부형의 이해를 구하던 모습은 많은 세월이 흐른 지금도 감사와 경의를 갖게 한다. 반면 당시 학생부장이나 사촌형님의 초상을 치르고 온 나에게 위로는커녕 일처리 못한다며 교장실에서 고래고래 고성을 지르던 교장에겐 한심함을 넘어 적개심까지 느꼈다.

그러나 아무리 애를 먹였어도 제자는 제자이다. 비록 당시엔 몹시도 힘들게 했지만 세월이 흐르니 미운 정이 고운 정으로 승화되어 방황을 끝내고 이 세상 어딘가에서 잘 살기를 빌고 또 빈다.

두 번 째 길

분홍 치마 노란 저고리

오늘도 예나 다름없이 충무에서 엔젤호를 타고 사량도에 도착했다. 나는 아름다운 섬학교인 사량중학교에 근무하고 있다. 주말이면 마산 집에 갔다가 일요일 오후 사량도에 돌아와 수업 준비를 한다.

집에서 준비해 온 마른반찬이며 먹을 것을 정리한 후 실내를 청소하고 조금 누웠다 일어났다. 책을 펴서 읽다가 그것도 시들하여 옆집에 같이 근무하는 선생님 댁에 갔더니 마침 그 선생님께서도 삼천포에서 정기여객선을 타고 도착하여 방에 계신다.

인기척을 내 선생님을 부르니 실내운동복 차림으로 나와 반갑게 맞아주신다. 방 안에 들어오라는 권유를 마다하고 툇마루에 걸터앉아 뭍에서 있었던 일과 교육 등 세상사 돌아가는 이야기를 주고받았다.

한참 재미있게 이야기를 주고받는데 뜰 아래 방문이 열리고 예쁜 새색시가 나왔다. 분홍 치마에 노란 저고리 갓 시집온 새색시 차림 그대로다. 이야기를 하다 말고 그쪽으로 눈길을 돌리니 그녀도 내게 다가오며 "선생님 안녕하셨어요." 하는 게 아닌가.

섬광처럼 생각나는 영희, 조영희다. 나도 모르게 "영희야, 그래 오래간만이다. 네가 이곳으로 시집왔구나!" 하며 그간의 안부를 물으며 사제간의 정을 나누었다. 같이 졸업한 친구 이야기, 고3 때의 야간 자율학습, 동 학년 선생님의 근황 등을 이야기하며 정감을 나누는 새 어쩌면 시간은 그리도 빨리 흐르는지.

집으로 돌아와 방 안에 홀로 앉으니 참 세상은 넓고도 좁구나 하는 생각이 들고 세월이 유수 같음이 실감난다. 낙도인 이 외로운 섬에서 어찌 시집온 제자를 만나리라 예상했겠는가? 졸업하던 때가 엊그제 같은데 벌써 결혼하여 어엿한 한 남자의 부인이 된 것이 대견하기도 하였다.

지아비 되는 분은 김씨로 이곳 특산물인 멸치어장 상무란다. 집안

일가분의 어장 전체 살림을 꾸려 나가는 중요한 일을 책임지고 있다고 했다. 외모와 옷매무새를 설명하는 것을 들으니 오가다 자주 부딪친 사람인 것 같았다.

요새 농어촌 살림의 전망이 밝지 못하다는 말이 있어 내심 걱정하면서도 그래도 모든 일에 열심이면 희망은 있지 않을까 생각했다. 모쪼록 두 사람이 오손도손 잘 살기를 부모 같은 심정으로 바랄 뿐이다.

제자가 시집와 가정을 꾸리고 이 지역 사회의 일원으로 살고 있다고 생각하니 자연 나 자신이 보다 더 모범적인 선생이 되어야겠다는 자각이 들었다. 그래서 내가 책임지고 있는 학급 아이들이 모두 좋은 결과를 얻을 수 있기를 바라며 3학년 진학 지도에도 심혈을 기울였다.

그 이후로 한 달쯤 지났을까. 해가 바뀌어갈 무렵 우연히 제자가 신혼살림을 차리고 있는 그 집 안채에 들르게 되었다. 그곳에 전세든 선생님을 만나 제자의 안부를 물어보았다. 뜻밖에도 생활이 곤란하여 시부모와 함께 살기 위해 도로 들어갔다는 이야기와 내외간에 의견대립으로 종종 싸우는 소리가 나더라는 소식을 전해준다.

'아차, 큰일이구나. 생활이 어려워 내외간 사이도 벌어졌을까. 좀 더 일찍 한번 만나볼 걸'

후회와 불안으로 하루종일 초조한 마음뿐이었다. 모쪼록 잘 살고 있기를 빌어본다.

내가 잘 아는 선생님께서 하나 있는 딸을 시집보냈는데 그 딸이 남편과 갈등이 심하여 늘상 친정부모는 걱정이었단다. 그래서 간혹 집에 전화가 오면 행여 딸의 전화가 아닌가 하여 깜짝깜짝 놀란다고 한다.

이 세상 모든 부모들은 시집 장가간 자식들이 서로 사랑하고 아껴주며 그야말로 깨가 쏟아지듯이 잘살기를 바란다. 내가 지금 내 제자를 생각하며 마음에 각인되도록 안타까워하는 것이나 부모님이 자식을 걱정하는 마음이 뭐가 다를까.

내 일찍이 교단에 서서 남편 부夫자를 칠판에 크게 써 놓고 하늘보다 높은 것이 남정네 즉, 지아비라 했거늘. 하늘 천天은 큰 대大자가 한 일一자를 뚫어내지 못했지만 남편 부夫자는 큰 대大자 한 일一자를 뚫고 올라가니 끝없는 하늘보다 귀하고 높은 존재라고 힘주어 말하였다. 내 제자들이 지아비 부자의 뜻을 새기며 살아 주었으면 하는 심정이다. 남편을 존중하는 것이 자신을 위하는 현명한 길임을 왜 모르는 것일까? 아내의 존중을 받는 지아비가 아내를 사랑할 줄도 안다고 나는 믿고 있다.

세월이 약이라고 세사에 시달리다 보니 영희의 안부를 잊고 있었다. 어느 날 옆집에 사는 학부형을 만나 들으니 나의 바람과 달리 부부 사이가 좋지 않아 결국 이혼한 것 같다고 한다. 순간 정신이 아찔

했다.

'분홍 치마 노랑 저고리 입고 만날 당시만 해도 푸른 꿈을 갖고 필부필부匹夫匹婦로서 가정을 꾸리기 위해 애썼을텐데. 꿈을 잃고 영희는 얼마나 고민하였을까? 어쩌면 불면의 밤을 지새웠을지도 모르겠다. 남편 하나만 믿고 산 설고, 물도 선 낙도로 시집왔는데 가정의 불화로 혼자서 천 갈래 만 갈래 찢어지는 마음의 상처를 입었구나. 깨어진 꿈을 안고 이곳을 떠날 때의 심정은 어떠하였을까. 여객선의 한 모퉁이에 얼마나 많은 눈물을 흘렸을까?' 하고 생각하니 내 마음이 다 아려 온다.

그러나 세월의 흐름 속에 영희가 상처를 잊고 새로운 희망으로 살아갔으면 하는 마음 더 간절하다. 못내 안타까운 스승의 마음을 영희는 알까?

나만의 행복이나 불행이 아니기에 이혼은 더욱 신중해야 한다. 어떤 기자가 이혼한 사람 천 명을 대상으로 설문 조사하였는데 아이러니하게도 그들의 64.3%가 현 부부들에게 절대로 헤어지지 말 것을 당부하고 최대한 심사숙고하라는 조언을 했다는 것이다. 우리 다 같이 그들의 말을 마음 깊이 새겨보도록 하자.

〈독사의 변명〉을 읽고

이 글은 모 고등학교 교지에 아무개 선생님께서 쓴 글을 읽고 《선생님 글원》에 게재해 놓은 것이다.

학생들 사이에서 불려지는 당해 선생님의 별명이 '독사' 인 모양이다. 일반적으로 뱀 하면 사악한 본성을 가지고 있다고 생각한다. 게다가 독사는 독이 든 이빨까지 가지고 있으니 그 사악함이 뱀보다 더할 것이다. 그러니 독사라는 별명을 가진 사람은 대부분 인정

사정없고 지독한 사람이다. 이 선생님은 그런 별명으로 불릴 정도로 학생들의 생활이나 학습을 철저하게 챙기셨던 모양이다.

그러나 선생님이 그렇게 하신 이유는 선생님이라는 위치에서 학생들이 좌절하거나 용기를 잃거나 비굴해질 때 자신이 뿌린 독성이 효과를 백분 발휘하여 쉽게 좌절하거나 포기하지 않도록 하기 위해서일 것이다. 그래서 나는 오히려 학생들에게 용기와 희망의 채찍이 되는 고마운 선생님이라는 뜻으로 그 별명을 해석하고 싶다.

사실 학교에 근무하다 보면 별명 때문에 교무실에서 박장대소하는 일이 종종 있다. 어느 핸가 하루는 교감 선생님 책상 앞에 두 학생이 불려와 눈물을 흘리며 서 있었다. 선생님께서는 몹시 화가 나 계속 고함을 지르며 학생들을 야단치고 계셨다.

"내가 왜 드라큐라냐? 내가 왜 드라큐라냐?"

아마 선생님이 지나가시는데 학생들이 별명을 부른 모양이었다. 당사자인 교감 선생님은 몹시 화를 내고 있었지만 잘 보이지 않는 교무실 구석에서는 젊은 남 선생님과 여 선생님이 배를 움켜쥐고 소리 죽여 웃고 있었다.

옛날 교단에서 교지를 주관하여 만들 때 보면 학생들의 글 속에 선생님들의 별명이 들어가 있는 경우가 종종 있었다. 교정 볼 때 어쩌다가 그냥 넘어가 책으로 나오면 담당자인 나에게 항의 비슷한 책임을 물어오기 때문에 이해시키느라 고역을 치른 경험도 있다.

학생들이 선생님을 지칭하여 부르는 별명을 보면 어떻게 그렇게 촌철살인 특징을 잘 잡아내는지 참으로 대단하다는 생각이 들 때가 있다. 얼굴 모습이나 성명의 특징 등 별명과 그 해당 선생님을 놓고 연관시켜 보면 그렇게 불릴 만한 이유가 분명히 있다. 그러나 '고무주딩', '물메기' 같은 지나친 별명은 피하는 것이 좋지 않겠는가? 별명을 부르되 당사자인 선생님의 마음을 상하지 않는 범위 내에서 약간 예술적 멋을 내어 부르는 것이 좋을 것이다.

〈독사의 변명〉이라는 글을 쓰신 선생님은 그야말로 일처리를 하는데 빈틈이 없으며 열성적이고 야무지기가 타의 추종을 불허할 정도인 모양이다. 그러면서도 학생의 어려움은 따뜻하게 감싸안고 슬플 때는 같이 울고 기쁠 때는 함께 웃는 학생 모두를 사랑하는 선생님 중에서도 진정한 선생님인 것으로 알고 있다.

학생들이 골마루를 오르내리면서 선생님께서 현장 지도하는 것을 보고 먼저 본 학생이 "독사다. 독사 떴다." 하거나 오후에 삼삼오오 짝을 지어 하교할 때 "오늘 독사한테 물려 죽을 뻔했다."는 말을 듣더라도 의기소침해 할 필요가 없다고 생각한다. 왜냐하면 학생들은 선망의 대상이 되거나 학생지도에 열과 성을 다하는 선생님께 별명을 붙여주지 결코 자신들에게 무관심한 사람에게는 별명을 붙여주지 않기 때문이다. 다시 말해 학생들과 끈끈한 인간관계가 이루어지지 않은 선생님은 별명도 없다고 생각하면 옳을 것이다

사랑하는 아들에게 고기를 잡아줄 것이 아니라 고기 잡는 법을 가르쳐 주라고 하였다. 어른이 되어도 그릇됨과 나태함이 몸에 배고 습관화되어 불우한 생을 보내는 것보다 독사 선생님의 담금질로 정의감, 인내심을 키워 세상에 10년 아니, 20년 후에 성공적인 삶을 살게 된다면 그때 분명 학창시절 용기와 인내를 가르쳐 주신 독사 선생님에 대한 감사의 마음을 잊지 않을 것이다.

보람된 독사의 꽃은 학생들의 마음 마음마다 영원히 피어나 오래도록 잊히지 않을 것이다.

두번째 길

꿈에 본 시간표

아슴푸레하게 먼 저쪽에서 선생님 몇 명이 무엇인가 의논하여 작성한 종이 쪽지를 나에게 주신다. "이것이 시간표다. 교무실에 가서 이렇게 저렇게 해라."고 말씀하신다. 나는 반갑게 그 종이 쪽지를 받아들었다. 어느 학년, 어떤 교과서인지는 잘 보이지 않지만 시간 배당표임에 틀림없었다. 기쁜 마음으로 교무실로 가서 시간표 짜는 선생님께 갖다 줄 것이라고 벌떡 일어나니 사방은 아직까지 캄캄하고 인적 없이 고요한데 정신을 차려 불을 켜보니 새벽 2시!

이것은 꿈이고 현실이 아니다.

'내가 왜 이러지?'

아내는 내가 정년퇴임을 한 이후부터 학교에서 있었던 일을 소재로 꿈을 꾼다고 핀잔을 주었다. 가령 출석부를 갖고 오라든지 골마루를 쓸고 닦고 하라든지 자습문제, 학생문제 등등 많은 것을 소재로 꿈을 꾸고 있는 것 같다.

재직하고 있을 때는 직장이 그렇게 중요한 것을 미처 깨닫지 못했지만 그만두고 다시 그 일을 할 수 없는 처지에 놓이게 되니 아침 일찍 일어나 직장에 가는 사람들이 얼마나 부러운지 말로 표현이 안 된다. 아침의 대이동! 학생들은 조잘거리면서 등교하고 유치원생은 봉고차에 타서 배움의 보금자리로 달려가고, 회사차는 무엇인가를 이루기 위해 달려가고 있는데 퇴임을 하고 나니 그대로 길에서 낙오된 느낌이다.

나는 아침 일찍 친구와 같이 등산을 갔다 오면서 밀려오고 밀려가는 저 행렬을 물끄러미 바라보면서 상념에 잠기기도 한다.

어느 학교 학생주무로 있을 때의 일이다. 어떤 여학생이 무기정학을 당했는데 그 어머니는 딸이 학교에 가지 못하니 이웃들이 자기 집에 놀러오면 딸이 정학당한 것을 알게 될까봐 딸의 신을 보이지 않는 곳에 감추어 두고 집에 사람이 없는 것처럼 위장하고 이웃집에 미리 방문하였다고 한다. 이때 그 어머니는 다른 학생이 학교 갈 때면 우리 아이도 학교에 갈 수 있는 정상적인 신분이 얼마나 귀하고 품위를 지키는 일인가를 뼛속 깊이 깨달았다고 말했다.

내가 그런 꿈을 꾸게 된 것도 42년간이나 몸 담아온 직장을 그만두고 6개월이 지나고 1년으로 접어들고 있던 차에 전직이 그리웠기 때문일 것이다. 저 넓은 대열에서 꿈을 실현하기 위해 질주하는 직장인들에게 너희들도 퇴임의 처지에 놓이게 되면 이런 꿈을 꾸게 될 것이니 정년퇴임이 오기 전에 긍정적인 마음으로 열심히 근무하라고 일깨워주고 싶다. 그리고 꿈은 남이 이루어 주는 것이 아니고 내가 노력해야 된다고 거듭 일러주고 싶다.

두번째 길

이불 보따리의 부임 인사

얽히고설킨 일들을 모두 떨쳐버리고 쪽빛처럼 맑은 물에 이 세상 홍진을 씻어내고 오직 한길을 가기 위해 아내와 눈물 섞인 이별을 뒤로하고 집을 나섰다. 어디 남은 이만 서러운가. 가는 이도 아쉬움과 못 미더운 마음은 마찬가지다.

돌아보는 구름에는 바람이 회살 짓네
앞 대일 언덕인들 미련이나 있을 거냐

박용철 님의 〈떠나가는 배〉를 읊조리며 고개를 드니 남해 미항인 충무 부두의 갯물이 출렁거린다. 코를 후비는 향긋한 갯내음을 맡으며 겁먹은 어린아이처럼 두리번거리면서 살펴보았다. 우람한 배 한 척이 떠 있는데 내가 타고 갈 배인 듯하였다. 마침 쑥 빠진 체구에 구릿빛 살갗을 가지 억센 젊은이가 지나가기에 '사량' 가는 배냐고 물으니 맞다고 한다. 겉보기보다 다정하고 친절하게 대답해 주어 한결 마음이 안정되었다.

출항까지 1시간 30분의 여유가 있어 같은 학교에 재직하면서 마음을 털어놓고 정을 나누던 선생님께 전화를 했다. 오래간만에 얼굴을 맞대고 술잔을 돌리며 옛이야기를 나누다가 부두에 도착하니 출항하기 20여 분 전이었다.

그런데 이게 웬 날벼락인가! 내가 타고 갈 배가 신상명세가 적힌 인사기록카드를 넣어놓은 가방이며 미리 실어놓은 이불 보따리를 싣고 뒤도 돌아보지 않고 하얀 물보라를 남기며 떠나가고 있는 것이 아닌가.

바다의 배 사정을 전혀 모르는 산골 촌놈인 나는 내 인사기록카드며 이불 보따리가 모두 물에 떠내려간다고 생각하여 발을 동동거리며 안절부절못했다. 그러나 옆에 계신 선생님은 여유롭게 그 배의 사무실로 나를 데려가더니 선장에게 무전으로 ○○색깔의 보퉁이와 가방이 있으니 사량중학교에 맡겨달라고 부탁하는 것이다.

한숨 돌렸으나 불안해 하는 나를 보고 그 선생님께서는 내일 아침 정기여객선을 타고 가도 부임하는데 지장이 없을 거라며 위로했다. 그러나 첫날부터 일이 이렇게 꼬이니 답답하여 부둣가 선술집으로 갔다. 그런데 자리에 앉으려는 순간 옆에 있는 한 아이가 배의 출항 여부에 대해 말하는데 혹시나 하는 마음에 사량도 가는 배나고 물으니 맞다고 한다. 순간 귀가 번쩍 뜨인다. 구세주를 만난 기분이었다. 그 아이를 놓치면 안된다는 생각에 아이를 따라 부두로 가니 과연 그림 같은 배가 있지 않은가. 하늘이 무너져도 솟아날 구멍이 있다더니 이를 두고 하는 말인가.

배의 주인 되는 이가 옆에 와서 말을 건넨다. 지금 딸아이를 결혼시켜 신혼여행을 보내고 돌아오는 길인데 자식 중에 한 아이가 사량중학교에 다니며 본인은 사량중학교 육성회 임원이라고 한다.

시동을 걸어 출항한 배가 이내 충무대교 밑을 지나 바다를 달리는데 해는 뉘엿뉘엿 서산마루로 넘어가고 배에 탄 선주의 일가친척은 잔치 끝의 여흥에 취해 확성기를 틀어 놓고 한바탕 고래고래 소리를 지르고 장단을 치면서 논다.

아내와 가족을 두고 떠나온 나의 심정과는 거리가 먼 상황이었다. 배 안에서 이리저리 왔다갔다하면서 '결국은 나 혼자구나' 하는 외로운 상념에 젖었다. 오후의 바다는 밀려드는 그 야릇한 심정을 가눌 수 없게 했지만 앞으로 일어날지 모르는 희망을 기대하며 억지로 참아냈다.

한참을 달리니 난생처음 넓은 바다를 건너보는 탓에 간이 콩알만 해지고 초긴장 상태여서 멀미가 날 듯 말 듯하였다. 긴 호흡을 한번 내쉬고 마음을 넓고 크게 가져 보았다.

땅거미가 질 무렵이어서 주위가 어슴푸레하니 물결이 뱃전에 와서 부딪히는 소리가 더욱 요란하게 들렸다. 마치 망망대해 한복판에 떠 있는 느낌이었다. 그래서 심청이와 인당수를 생각하며 당시 그녀의 심정을 상상해보기도 했다.

멀리 보이는 항구의 슬레이트 지붕 집들은 두세 집씩 옹기종기 모여 소곤소곤 정담을 나누는 것 같았고 "먼곳의 물결 위로 아련히 머릿속에 비춰보니 골짜기마다 발에 익은 묏부리마냥 주름살도 눈에 익은 아 사랑하던 사람들" 박용철 님의 〈떠나가는 배〉를 다시 한번 흥얼거리면서 세상만사 덧없음을 다시 한번 느꼈다.

배는 이 포구 저 포구를 돌아 동행하는 모든 사람을 내려주고 나의 목적지인 사량리 금평 포구에 도착하였다. 아무도 반겨주는 사람 없이 혼자 두리번거리고 있는데 저쪽 한편에 다방이란 글귀가 나를 유혹한다. 그리로 들어가 중학교 위치 등 알고 싶은 여러 가지를 물어보니 친절히 알려주었다.

거리가 얼마 되지 않아 학교로 찾아갔다. 두리번거리면서 찾은 숙직실 한 구석에 나보다 먼저 부임한 이불 보퉁이 그리고 가방이 나를 반겨준다. 어떻게나 반가운지 이불 보통이를 힘껏 안았다. 그리고 속으로 다짐했다. 다음부터는 미리 여유를 두고 시간을 계산하여 허둥대지 않고 세상살이를 살아가겠노라고.

여일광휘麗日光輝

화창한 봄날 모든 것이 빛나고 있다. 바로 여일광휘麗日光輝라는 뜻매김이다.

내가 중년의 나이에 거제 고현종고에 근무했을 때의 일이다. 화창한 봄날에 고현에서 동부면 쪽으로 계곡을 오르면 구천계곡이 있는데 그곳으로 전교생이 봄소풍을 갔다.

오랜만에 교실 밖에서 자연의 품에 안긴 여러 학생들은 해방감의 기쁨을 만끽하고 나는 동 학년 선생님들과 양지바른 계곡을 올랐다. 기온은 알맞아 상쾌하고 햇살마저 온 누리에 눈부시게 빛나며 만상의 대자연은 저마다 나무에 싹을 틔워 연노란색을 자랑한다. 말과 글로서 표현하기 어려운 창조주의 그림은 그야말로 장관 중의 장관이다.

소풍을 끝내고 집에 돌아와 알맞은 문장의 표현이 있을 것이라고 생각하면서 이 책도 저 책도 뒤적여 보았으나 헛수고다. 한묵보감翰墨寶鑑을 살펴보니 '여일발광화麗日發光華' 라는 비슷한 의미의 오자숙어五字熟語가 있어 약간의 갈증을 풀었으나 오늘 접한 대자연의 아름다움을 표현하는데 턱없이 부족하다.

봄이면 봄, 여름이면 여름의 녹음방초綠陰芳草, 가을이면 더할 수 없는 단풍의 조화된 색깔에 홀리고 취하여 두목은 이렇게 읊조렸다.

> 정차좌애停車坐愛 풍림만楓林晩하니
> 상엽홍어霜葉紅於 이월화二月花라

단풍에 물입되어 가던 길을 멈추고 그 색깔의 어울림에 홀랑 빠지니 단풍의 아름다움이 2월의 꽃보다 좋다고 했다. 예부터 우리 인간은 색의 조화에 약한 것이 아닐까 생각도 해 본다.

젊은 날 나는 가야산에 간 적이 있다. 때마침 단풍이 가야산 전체를 불타게 하고 이슬비는 이따금 옷을 적시는 듯 마는 듯 내렸다. 절간 스님들은 겨울나기 김치를 담그면서 담소를 나누고 있다. 어떤 비구니 스님이 김치 중에는 어떤 김치가 맛있을까 하고 물으니 옆에 있는 스님이 서슴지 않고 총각김치라고 한다. 순간 스님들은 모두 박장대소한다. 이 웃음의 마음 한켠에는 혹 여성 본능으로서 이성에 대한 그리움이 묻어 있지 않을까 하는 엉뚱한 생각도 해 본다.

갈 길이 바빠 떠나려 할 무렵 내 옆으로 파르스름한 비닐우산을 쓰고 구부러진 오솔길을 걸어가는 여승이 보인다. 쳐다보는 순간 그 얼굴이 너무 고와 멍하니 넋을 잃은 사람처럼 서 있었다. 붉은 단풍을 배경으로 파르스름한 머리와 희고 고운 얼굴. 선녀의 모습이 저리 고울까 싶어 스님이 멀어질 때까지 자리를 뜨지 못했다. 이후 조용하고 한가할 때면 그 여승의 고운 얼굴은 마음의 틈을 비집고 나와 이 세상 그 무엇보다 아름다운 여성으로 연상되었다. 이렇듯 잘 조화된 색은 내 마음을 사로잡는 것 같다.

이 세상에는 많은 색깔이 있다. 색깔 중에는 보색도 있지만 비슷한 색상도 많다. 이 많은 색상이 자연 속에서 조화를 이룰 때 한 편의 아름다운 작품으로 우리들의 마음을 순화시키고 정화시켜 이 사회에 기여한다고도 한다. 그리고 어느 시인이 그 아름다움은 영원하다고 하지 않았던가. 그래서 인간은 뇌리에 오래도록 그 아름다움이 간직되어 있는 것인가.

어느 여고에 근무할 때 가장 아름다운 시가 어떤 시인지 학생과 선생님을 대상으로 설문 조사를 한 적이 있다. 놀랍게도 가장 아름다운 시는 조지훈 님의 〈승무僧舞〉였다.

얇은 사 하이얀 고깔은
고이 접어서 나빌레라
파르라니 깎은 머리
박사 고깔에 감추우고

두 볼에 흐르는 빛이
정작으로 고와서 서러워라

빈대에 황촉불이 말없이 녹는 밤에
오동잎 잎새마다 달이 지는데

소매는 길어서 하늘은 넓고
돌아설 듯 날아가며
사뿐히 접어올린 외씨보선이여

까만 눈동자 살포시 들어
먼 하늘 한 개 모두으고

복사꽃 고운 뺨에 아롱질 듯 두 방울이야
세사에 시달리다 번뇌는 별빛이라
휘어져 감기우고 다시 접어 뻗은 손이
길 옆 귀뚜리도 지새는 삼경인데
얇은 사 하얀 고깔은 고이 접어서 나빌레라

〈승무〉에 표현된 '얇은 사 하이얀 고깔은/ 파르라니 깎은 머리/ 까만 눈동자 살포시 들어/ 복사꽃 고운 뺨에 아롱질 듯 두 방울이야' 란 구절을 살펴보라. 이 시는 하이얀, 파르라니, 까만 눈동자, 복사꽃 등 색상을 동원하여 시상을 전개하고 이미지를 형상화하고 있다. 이를 통해 하나의 주제를 던져주는데 그 시각적 이미지가 이 시의 아름다움을 강조하고 있다고 여겨졌다.

어제 우리나라 생활체육동호인대회가 마산에서 개최되었다. 개회식 전야제에서는 빛을 이용한 조화로 단결과 발전을 우리에게 시사해 주었다.

거제 구천동의 자연의 진수성찬이나 가야산 백년암의 비구니 스님이나 조지훈의 〈승무〉 등 모두 색상으로 조화를 이루어내 자신에게 아름다움을 배가시켰다고 할 수 있다.

이 세상에는 여러 가지 자연의 색과 인간이 겪는 다양한 감정의 색상이 있다. 정열의 붉은색이라든지 깨끗하고 청빈한 이미지의 흰

색이라든지 모두가 제각각 개성을 갖고 그 의미를 더할 것이다.

다양한 색들의 향연 속에서 단조로운 한 가지 색으로 인간은 생활의 멋을 추구하기는 어려울 것이다. 화창한 봄날이 만드는 다양하고 환한 빛처럼 우리 인간도 자신에게 어울리는 개성적인 색을 찾아 자신을 가꾸어보자. 그러면 우리의 삶은 보다 가치 있고 아름답게 이 세상을 밝히지 않을까.

두 번째 길

진실된 마음은 옳은 행동의 씨앗

노오란 은행잎과 단풍나무 잎들이 제 색깔을 자랑하는 계절, 아침 일찍 교무실 창문을 열어젖히고 천연색으로 불타는 단풍을 바라보고 있노라니 가을 아침의 상쾌함이 뼛속까지 찾아든다.

그러나 그도 잠시 교무실 한구석에는 선생님께 주의를 듣고 있는 학생, 잘못하여 선생님으로부터 꾸중을 듣고 눈물을 글썽이며 교무실 밖을 나서는 학생을 보노라면 마음은 어느새 안쓰러움과 아픔으로 물든다.

세상살이를 하다 보면 어느 것이 옳고 그른지 판단하기가 곤란한 경우도 간혹 있다. 하지만 오늘날 선생님들이 학생들에게 바라는 것은 인간살이의 기본적인 도리다. 그러나 학생들은 또 그것을 지키지 못해 꾸중을 듣고 벌을 받는다. 매우 안타까운 일이다.

머리 모양만 하더라도 그렇다. 학교 생활규정에 명시되어 금하고 있는 스포츠형에 무스를 발라서 뒤로 넘겨 올려붙이거나 앞머리를 눈이 가릴 정도로 길게 늘어뜨리는 일, 또는 몇 가닥의 머리카락을 길게 늘어뜨려 염색하는 것을 멋이라 자부하는 학생을 대하면 저 학생은 벌써 공부와는 거리가 멀어졌구나 하는 생각과 함께 학생의 앞날이 걱정된다.

이는 자식을 둔 모든 부모의 마음이며 스승의 마음일 것이다. 선생님들은 학생들의 장래가 걱정이 되어 타이름과 주의 등으로 생활지도를 하고 있는 것이다.

학생시절은 무엇보다도 인생의 봄과 같은 계절. 곡식을 심고 가꾸는 것처럼 책 속에 깊이 파고 들어가 단원의 뜻을 파악하고 사물의 이치에 대하여 깊이 사고하며 그 뜻을 깨칠 때 앎의 즐거움과 성취감이 따라온다. 따라서 이 시기에 학생들은 그러한 즐거움과 성취감을 얻기 위해 더욱 정진하여야 할 것이다.

대학에서도 의성이후意誠而後에 심정心正이고 심정 이후에 수신修

身이라 하였다. 즉 뜻이 진실하게 된 뒤에라야 마음이 바르게 되고 마음이 바르게 된 뒤에라야 수신될 수 있다는 뜻으로 모든 행동의 씨앗은 마음이라.

마음은 여러 가지 모양새로 우리의 행동을 규제하고 때로는 방황하게 한다. 그러나 스스로 진실된 마음의 뿌리가 깊고 넓으면 쉽게 흐트러지지 않는다. 마음이 바르게 된 뒤에는 수신이 되고 수신이 된 뒤에야 안정이 오며 평화스러운 가정과 사회 속에서 학교생활도 즐거움으로 가득할 것이다. 결국 마음 바로 세우기가 모든 일의 처음이요 끝이니 학생은 모름지기 여기에 뜻을 두고 생활해야 할 것이다.

다시금 창밖으로 눈을 돌려 보라. 곧게 솟은 수목이 한눈에 들어오리라. 우리들 배움의 동산은 교정이 다른 학교보다 넓고 여기저기 다양하고 보기 좋은 수목이 많다. 그 많은 나무도 하나같이 제자리에 서서 한 마디 불평 없이 푸른 하늘을 향하고 있다. 그리고 땅속으로 깊이 뿌리를 박아 봄이면 고운 잎을, 여름이면 녹음을, 가을에는 단풍을, 겨울에는 설화를 꽃피우며 자신의 역할을 다하고 있다.

우리 학생들도 저 나무를 닮았으면 좋겠다. 자신의 자리에서 최선을 다하는 나무의 마음처럼 우리 학생들도 수신을 깨달아 자신이 성장하는데 보탬이 되도록 하면 좋겠다.

교내 중앙로를 달리다 보면 만나는 피라칸사스 나무. 그 나무에 빨갛게 익어 있는 열매는 나무가 이른 봄에서 늦가을까지 저 열매를 맺기 위해 진실된 마음으로 최선을 다한 결과임을 상기하면 얼마나 좋으랴.

오늘도 나는 가을 나무를 보며 수많은 학생들이 마음을 바로 세우고 선생님들에게 시비是非를 배워 실천하는 이 나라의 동량이 되길 간절히 바란다.

두번째 길

마음의 고갱이를 잇는 심알을 이어받자

아침 일찍 등교해 현관을 쓸고 닦는 학생들의 손길이 바쁘다. 표정이 밝고 아름다워 수고한다는 말을 남기고 교무실로 향하며 계단을 오르는 동안에도 그 표정이 마음에 남아 흐뭇하다.

이윽고 교실을 둘러본다. 어떤 교실에 들어서면 일찍 등교하여 분주하게 움직이는 당번들의 모습이 보인다. 창문을 열고 교실을 깨끗하게 비질하는 모습, 정리정돈 후 휴지통을 비우기 위해 나란히 소각장으로 향하는 모습, 귀중한 시간을 쪼개어 남을 위하는 그 마음이 밝아 보는 이의 가슴도 환해진다.

몇 해 전 본교에서 학생주임을 한 적이 있다. 그때는 골마루에 떨어진 휴지 한 조각, 학생들의 용의복장과 머리 모양 등 학생들의 모난 모습만 크게 보였다. 오늘은 이렇게도 고운 모습이 크게 떠오르는데 말이다. 아마도 세상일은 관심을 가지면 눈에 보이고, 눈에 보이면 그것을 해결하려는 의도가 생겨 생각이 깊어지게 되는가 보다.

몇 달 전 교육개혁점검평가단원의 일원으로 내교하신 정 박사님께서 우리 학교의 청소 상태를 보시고 강원, 충청, 경북의 여러 학교를 둘러보았지만 이처럼 깨끗한 학교는 처음이라고 극찬을 하신 적이 있다. 그 순간 우리 학교의 아름다운 전통 중 하나가 평범 속의 비범함이 아닌가 내심 깨친 게 있었다.

자리에 앉아 오늘 하루를 설계한다. 모범운전기사 한 분이 도시락을 들고 와 학생이 두고 내린 것인데 주인을 찾아주면 좋겠다고 하신다. 그 도시락을 풀어 이리저리 살펴보니 이름을 찾을 수 없었지만 그 내용물은 말 그대로 진수성찬이다. 먹음직스러운 음식들이 소풍 갈 때 엄마가 마련해 준 고마운 도시락 그대로다.

교내 방송으로 주인을 찾으니 우리 학교에서 공부도 인성도 칭찬이 자자한 학생이었다. 알고 보니 그 어머님도 마산여고 출신이었다. 모전여전이랄까. 선배인 어머님의 일상 속에 배인 사랑과 비범이 딸의 마음에 심알이 되어 작용한 결과가 아니겠는가.

수능시험 성적 발표 이후 3학년 교실마다 넘쳐흐르는 비범의 실력들, 도서실 자리마다 삼삼오오 짝을 지어 논술고사를 대비하기 위해 열띤 토론을 하는 모습, 어려운 난관을 극복하여 여러 시험에 합격하였음을 알리는 낭보들, 상패함에 빽빽이 늘어서 보관되어 있는 각종 대회에서 수상한 최우수상들, 이렇게 우리 학교는 80여 년의 긴 역사 속에서 훌륭한 선배님들이 남겨놓은 업적들이 학교 구석구석 산재하여 후배들의 가슴속에 옮겨지고 있음을 느낀다.

모쪼록 우리 학생들은 모든 생활의 근본이 되어 타고난 천성을 밝힐 수 있는 치지致知, 즉 사물의 도리를 연구하여 알아서 깨닫는 경지를 성의와 정심으로 자신이 길러서 지식을 극대화하고 선배님들이 남겨놓은 평범 속에서의 비범을 무언의 교훈으로 이어받아 고갱이를 잇는 즉 심알로 삼아주기를 바란다.

이 심알로 심신을 수양하는 바탕으로 삼고 나아가 일체화 동질화를 시켜 착하고 슬기로우며 참한 여성이 되어 주기를 바라는 마음이 이 아침에 더욱 간절하다.

두 번 째 길

애교심 생활화로 자아성장의 계기로 삼자

우리 학교는 남해고속도로에서 가야읍으로 진입하는 들머리에 위치한 아주 멋진 학교다. 타원형의 진입도로에서 휘몰아쳐 왼쪽 신호를 받아 교문을 들어서면 "99% 실과 학생들 자격증 획득!" 그리고 그 옆에 특차 합격을 격려하는 플래카드 그 외 우리 학교 동문으로 제주경찰청장에 부임하신 남국현 님의 축하 격문이 푸른 초겨울 하늘 아래 오색찬란하게 빛나고 있다. 이 모든 것은 교문을 들어서는 학생들에게 긍지와 자부심을 느끼게 하고 발걸음도 경쾌하게 만든다.

교문을 지나 교내에 들어서면 운동장 양옆 가장자리에 늘어선 향나무들이 울타리를 이루고, 곧 대나무와 소나무, 히말라야시더가 푸른빛으로 노란 옷을 벗어버린 은행나무와 대조를 이루어 "세한연후歲寒然後에 지송백지후조야知松柏之後彫也"를 실감케 한다. 소나무, 측백나무는 상록수로 추위에 강함을 알 수 있다는 뜻으로 사람으로 말하면 어려운 일을 겪고 난 후 그 진정한 가치를 알 수 있다는 뜻이다. 우리 학교 학생들은 아침저녁 등하굣길에 이루어지는 이 나무들과의 조우로 어떤 역경에도 굴하지 않는 꿋꿋한 정신을 기르는 수양의 시간을 삼을 수 있다.

고개를 들어 앞을 바라보면 회양목이 군집한 비스듬한 언덕 위 높은 곳에 학교의 교표가 선명하게 도안되어 '진실, 창의, 협조'라는 교훈을 상징하고 그 위에 민족의 성웅이신 이순신 장군 동상이 충효忠孝를 대상臺上으로 딛고 우뚝 서 있다. 그 모습이 마치 700여 명의 학동學童들에게 애교, 애향심 나아가 공동체 의식을 갖춘 민주시민으로서의 자질과 자기주도적 학습 능력을 길러 전인적 인간으로 성장하여 나라의 동량재가 되어야 한다고 불호령을 내리는 것 같다. 우리 학생들은 이 호령을 스스로 듣고 느껴 자기 자질 개발에 적극 노력하여야 할 것이다.

또한 일륜사日輪舍 아래층에는 만난 먹거리들이 있어 바쁜 와중에도 육체의 영양 공급을 위해 망중한을 즐길 수 있고, 이층에는 우리에게 정신적 자양분을 공급해주는 애국민족관이 있다. 이곳에서 우리 학생들은 생육신의 한 분으로 마지막까지 섬기던 임금에게 충절을 지킨 조여(생육신) 선생님과 오륜과 삼강행실의 길을 밝혀주신 주세붕 님, 위화도 회군에 반대하여 불사이군을 고수하신 조순 님, 용비어천가 창작에 참여하여 문장으로 만고에 빛난 어효첨 님 등 우리 고장 함안을 빛낸 선인들을 만날 수 있다. 우리 학생들은 그들의 행적과 기개를 찾아 직접 눈으로 보고 느끼고 본받아 호국충절의 고장 함안을 더욱 빛내기 위해 노력해야 한다.

강당에서 민첩한 동작으로 무예를 연마하는 태권도부, 날마다 예술의 경지에 가까이 이르는 흥겨운 농악부의 소리, 행진곡에 맞추어 모든 사람들을 하나 되게 하는 악대부, 조직배양실의 청정한 실내에서 자라는 서양란은 은은한 향기를 온누리에 뿜어내며 꿈을 안고 자라는 학생들에게 희망과 용기를 준다.

또한 운동장 남쪽 끝, S자를 그리며 급식소로 올라가는 산책로에는 피라칸사스의 빨간 열매, 그리고 노오란 색깔의 열매가 날씨가 추워질수록 더욱 선명하게 조화를 이룬다. 이 길은 장성로長醒路인데 마을로 진입하는 길 위의 길이다. 이곳에 올라서면 우리 학교 전경과 우리 고장의 모든 부분을 한눈에 볼 수 있으니 젊은이들이 미래를 향한 상상의 나래를 펼치기 좋은 곳이다.

이렇게 조화로운 환경을 가진 우리 학교에서 생활하는 학생들은 모두 선택받은 자들이다. 그러므로 학교에 대한 자긍심, 애교심을 갖고 생활하자. 애교심을 갖고 하루하루 교내외에서 이루어지는 선생님들과 자연의 가르침에 열중하다 보면 자연스레 긍정적인 가치관과 더불어 자신의 꿈을 성취할 수 있는 길을 찾아 자아성장을 이룰 수 있을 것이다.

우리 학교 학생들에게 다시 한번 당부하노니, 모두 자신이 꿈꾸는 행복한 세상을 찾는 지혜로운 사람이 되기 위해 애교심을 갖고 생활하기를 당부한다.

두번째 길

바람 부는 날의 소묘

오늘 오후부터 내일 오전까지 심하게 바람이 분다는 131의 일기예보가 있었다. 걱정은 되었지만 근무지로 가야 한다는 사명감에 모든 것을 뒤로하고 일찌감치 준비를 하여 서둘러 집을 나섰다.

빠르게 달리는 직행버스를 타고 진주와 사천을 거쳐 삼천포에 도착. 선착장까지 택시로 미끄러지듯 빠르게 질주하였다. 선착장에 도착하니 벌써 진주에 계시는 선생님들께서 방송의 도움을 받아 이미 도착하여 대기하고 있는 상태였다.

사량도에 가기 위해 부두에 서서 가야 할 먼 곳의 바다를 바라보았다. 갈매기 파도가 하얗게 일어나 물결이 뒤집히고 있는 것을 보니 이미 파도가 심하게 일기 시작하고 있는 상태였다. 그 자체가 바로 성난 파도였다.

선장님께 가까이 다가가 "오늘 가능할까요?" 질문을 하였더니 "고생 좀 하겠는데요." 하고 대답을 하지 않는가. 전임 선생님들의 경험담인 즉, 항해하다가 바다 한가운데 가서는 더 이상 진행하지 못하고 회항했던 일, 조그마한 어선을 전세내어 항해하다가 입고 있던 옷이 파도에 물벼락을 맞아 모두 젖어 갈아입을 옷이 없어 그대로 입고 있었더니 짠물이 몸의 온기에 건조되어 옷 전체가 하얀색 소금기 무늬로 수놓은 것 같은 옷을 입고 버스에 탔던 일, 항해 도중 배의 발동이 멈추어 다른 배에 구조를 당해 끌려가게 된 이야기 등등 들을 때에는 재미있었지만 막상 내가 실제 당하고 보니 은근히 걱정이 되었다.

사량도에 들어가려는 승객들과 여러 곳에서 모인 공무원들이 유람선을 계약하여 파도치는 거친 바다를 건너가기로 했다. 사량도의 학부형님들은 교사들이 사량도에 근무하면 어떤 혜택을 본다는 것을 잘 알고 있다. 그래서 그저 점수 따는 인간으로 보이면 안된다는 생각으로 오늘 꼭 건너가 내일 수업에 착실하게 임해야 한다는 책임감이 생겼다. 그래서인지 이 배로 꼭 건너가야겠다는 굳은 다짐도 해보았다. 파도가 많이 칠 때는 배의 중간 부분에 자리잡아야 된다는 교육을 받고 나는 중간 부분에 자리를 잡았다. 선장님은 무사히 도착할 수 있다는 자신감을 승객들에게 들려주면서 안심시켰다. 그래도 나는 바다의 거친 파도를 보면서 은근히 걱정을 하면서 출발하였다.

예나 다름없이 유행가의 멜로디가 청산유수같이 흘러나오고 뒤로 물보라를 남기면서 힘차게 힘차게 앞으로 전진하였다. 삼천포화력발전소의 굴뚝 연기는 모락모락 솟아나오고 석탄을 싣고 온 대형선박은 부두에 접안되어 일렁일렁거리면서 버티고 서 있었다. 우리 일행을 태운 배는 현대 수송선 옆으로 지나가면서 동남쪽으로 사량도를 향해 접근하고 있었다.

삼천포항은 충무와 여수의 중간지점이다. 밀물과 썰물이 교차되는 시기에는 특히 여울이 큰 파장으로 일어나 평소에도 멀미가 날 지경인데 오늘같이 바람이 거세게 몰아치는 날은 말할 것도 없이 고생한다는 각오를 했다. 배는 거센 파도에 밀릴 듯하면서 앞으로 항진하고 파장 큰 여울 위에 파도는 수평선 너머 저쪽의 시야가 흐려지기 시작했다.

넓은 바다에 외롭게 떠 있는 배는 위로 올라갔다가 아래로 내려갔다가 요동을 치기 시작하는데 배가 올라가면 와~ 하고, 내려가면 아~ 하는 소리가 저도 모르게 나와 모두 다 합창하는 양 소리를 질러댔다. 옆에 앉아 있는 동료 선생님의 얼굴을 바라보니 하얀 창호지처럼 창백했는데 너무 애처로워 보였다.

찬바람이 불어 배 창문으로 스며드는데 땀이 얼굴에 송송이 맺히고 차마 눈 뜨고는 볼 수 없는 상황이 반복적으로 전개되고 있었다. 앉아 있는 의자 앞좌석의 윗가장자리를 힘껏 잡아쥐고 악을 쓰면서 자기 몸의 중심을 잡기 위해 온갖 힘을 다하는 선생님, 눈을 감고 무엇인가 주문을 외우면서 마음을 가다듬고 있는 선생님, 가져온 소주를 먹으면서 술의 힘으로 이 난경을 벗어나려는 몸부림 등 사람들은 여러 모습으로 이 난관을 버티고 있었다.

내 옆에 앉아 있는 선생님께서 말씀하셨다. 배가 위로 올라가면 내 마음이 먼저 올라가고 배가 다시 아래로 내려오면 나의 마음이 먼저 내려오고 혹 왼쪽으로 기우뚱하면 내가 먼저 왼쪽으로, 오른쪽으로 배가 기우뚱하면 내가 먼저 오른쪽으로 배의 요동에 따라 나의 마음과 몸을 배의 운율보다 한 발자국 먼저 맞추면 훨씬 수월하게 대처할 수 있다고 하셨다. 정말 그렇게 하니 심신이 조금은 편안해짐을 느낄 수 있었다.

세상만사도 이와 같이 세상의 흐름에 따라 긍정적인 마음을 갖고 살아가는 것이 부정적인 마음으로 사는 것보다 훨씬 더 편하게 지낼 수 있다는 원리를 알게 되는 순간이었다.

중심을 잡고 이러저리 기우뚱거리는 배의 움직임에 맞추어 몸과 마음을 움직여 가면서 눈을 감고 항해를 계속했다. 간간이 눈을 떠서 앞을 바라보면 창문으로 파도가 넘쳐흘러 물보라가 뱃전에 부딪치는 소리가 간담을 서늘하게 했다. 철썩철썩 오르락내리락 때리고 부수고 흩어지고 그리고 또 진행하고 앞으로 나아가고 하길래 눈을 감고 있다가 잠시 눈을 떠서 사량도 쪽을 바라보았다.

바다 저편에 사량도 옥녀봉이 보이고 옥녀봉 멧부리 밑에 평화스런 금평리에 우뚝 솟은 사람 중에서 아이들의 웃는 얼굴이 나를 반긴다. 그렇다. 이들이 있기에 이 험한 파도를 마다하지 않고 용기백배하여 올 수 있었던 것이다. 이 아이들에게 늘 나는 사람은 책임과 약속을 지켜야 한다고 힘주어 말했었다. 내 그렇게 교육시켜놓고 월요일을 지나 파도가 잠잠해진 다음 날 학교에 왔다면 그들은 담임인 나를 어떻게 보았을까?

바람은 불어도 배는 앞으로 항진하고 시간은 어김없이 흘러가기에 그렇게 오매불망 기다리던 금평 부두에 내리지는 못하고 삼천포에서 제일 가까운 내지 부두에 상륙했다.

내지는 사량도 북단에 있는 조그만 포구로 사량면 소재지까지 약 십 리가 넘는 위치였다. 배에서 너무 심신이 지쳐 있기에 걸어가려니 땅이 기우뚱하고 어지럽고 하기에 정기여객버스를 기다리면서 어떤 역경이 성난 파도같이 닥쳐오더라도 나의 책임과 약속을 지키면서 살아가리라 다짐도 했다.

두 번 째 길

사량도 부임 첫날

추워서 잠을 깨니 사방이 캄캄하다. 정신을 차려 생각해 보니 여기는 사량도 어느 여관. 냉기가 엄습해 오기에 더욱 정신이 말똥말똥해진다. 이 여관방은 이 지방 출신 동료 교사가 첫 부임하는 선생님께 무료로 제공해 주는 여관방이다. 그래서 주인에게 추워도 춥다고 말 못하는 사정이기에 주어진 이불로 온몸을 휘감아 밤을 지새워야 했다.

추워 견딜 수 없어서 옷을 하나 더 입고 양말도 신고 하여 새우잠을 자려고 눈을 감았으나 좀처럼 잠은 오지 않고 청기와 집을 몇 채나 짓고 헐었는지 모르겠다. 3월 초의 아침햇 살은 그래도 어김없이 솟아올랐으나 냉기는 가시지 않았다. 방 안에 앉아 있을 수 없어 운동복으로 갈아입고 운동화를 신은 다음 생전 처음 해변가를 마구 달렸다.

향긋한 갯가의 냄새는 코끝을 매혹하고 이리저리 꼭 꼬집어 말할 수 없으나 갯냄새가 후각을 홀리고 있었다. 여관에 같이 투숙한 신임교사도 일찍 일어나 해변에서 만나 아침 조우를 하고 등산을 가자고 한다. 자갈밭에 모래가 약간 섞여 있고 해변을 숨차게 달려 한기를 조금 면한 까닭으로 박 선생님의 뜻에 따라 등산길에 올랐다.

비스듬하게 오르는 등산길은 넓게 펼쳐 있고 남쪽에 소나무가 무성하게 자라 운치를 더하고 있었다. 돌고 돌아 산마루에 오르니 부지런한 어부는 벌써 떠오르는 햇살아 받아 바다로 나가고 산속의 옹기종기 한두 집은 굴뚝에서 연기가 모락모락 피어오른다.

바다 저 멀리 하늘 아래 내 집이 있겠거니라는 생각을 하니 집이 문득 그립기도 하지만, 임기를 마치고 근무를 다 끝낼 때까지 무사하게 귀가하는 배를 웃으면서 탈 수 있게 해주십사 하고 마음속으로 한량없이 빌었다.

삼천포에 본가가 있는 동료 박 선생님은 그쪽 방향의 화력발전소의 높은 굴뚝을 보며 호기심 어린 눈으로 '바로 저기 있네' 하면서 반가워하지 않은가? 나도 시야에 들어오기에 쳐다보았더니 바로 지호지간에 있는 것처럼 보여 호기심이 더욱 배가되었다.

박 선생님은 이 지방 지리를 잘 알아 저쪽은 고성 하일 · 하이면, 저쪽은 어느 곳, 저쪽은 어느 곳 자세하게 설명해 주었다. 그러나 마음속 저 깊은 곳에 무엇이 응어리가 되어 그 말이 귀에 잘 들어오지 않고 마음이 허전했다. 꼭 이렇게 섬까지 와서 근무하며 살아가야 하는 것인지 마음속으로 자문자답해가면서 산에서 내려왔다.

여관방으로 다시 들어갔으나 싸늘한 방은 여전히 그대로였다. 꼿꼿하게 앉아서 곧 사념에 빠져들었다. 어떤 사람은 높은 산의 꼭대기 윗도리로 한 바퀴 돌아서 일생을 쉽게 살아가는데 나는 산 밑에서 아랫도리로 이 태산의 골짝골짝 들어갔다 나오는 인생의 온갖 굴곡을 다 경험하면서 돌려고 하니 이 생을 살아가는데 고달프기도 하구나!

마음이 울컥하여 벽면을 쳐다보니 시곗바늘이 '넋이 빠져 혼자 앉아 있지 말고 세수하고 빨리 밥 챙겨먹고 출근하라' 고 재깍재깍 재촉하기에 재빨리 세면장으로 달려갔다. 하숙집에서 아침 식사를 하고 정장을 차려입고 첫 출근을 하니 감회가 새롭다.

금평 앞바다의 맑은 물이 바다에서 출렁거리는데 게란 놈이 사람들의 발자국 소리를 듣고 옆으로 기어가고 있었다. 이곳 도서의 풍치인 양 생각이 되어 유심히 보니 한두 마리가 아니고 무리를 지어서 생활하고 있다.

게는 바로 걷는 것이 옆으로 기어가니 그것이 바로 걷는 것인지 아닌지 아리송하다. 내가 바르다고 생각하는데 어떤 사람들은 옆길로 간다고 하지 않겠는지, 나 자신이 바르게 걷도록 노력하리라 다짐을 하였다.

여러 이유로 담임을 안 하다가 이곳에 오니 3학년 담임을 하라는 사무분장의 발표를 보고 깜짝 놀랐다. 모두 세 반인데 한 반은 남자, 한 반은 여자, 한 반은 남녀공학반이었다. 교장 선생님께서 남학생반을 맡으라고 하셨다. 3학년을 담임하면 모의고사를 자주 보기 때문에 통계는 물론 일과 후 토요일을 제외한 주 5일간은 매일 학생과 같이 밤 10시까지 자율학습을 해야 한다는 사실을 전 담임 선생님을 통해 알게 되었다.

수구초심首邱初心이란 말의 뜻을 상기하면서 이곳에 오기 전 무슨 일이 있어도 나에게 주어진 일들을 실천에 옮겨 학생들에게 밀알이 되겠다고 마음속으로 다짐했었다.

성공이란 하루아침에 이루어지는 것이 아니고 하루하루 노력과 노력이 모여 이루어지는 것이기 때문에 오늘 하루의 작은 성공을 위하여 최선을 다한다는 각오로 담임의 임무를 다할 것을 다짐하였다.

이곳 사량도는 고등학교가 없기 때문에 진학하려는 학생은 모두 다 집을 떠나 외지로 진학하여야 할 처지에 놓여 있다. 그래서 도시에서의 진학 지도보다 복잡하고 노력은 배가 든다고 이야기해 주었다. 중학교 3학년이 되어도 한글을 완전하게 모르는 학생도 있고 기초 학습의 결손으로 학습 근태증을 느끼는 학생도 많다는 것이었다. 이들을 실업계 고등학교에 보내는 방법을 학교 동료 선생님이 말씀해 주셨다. 2학기 시작부터 내신에 의해 고등학교 입학이 결정되고 학교마다 입시 반영률이 다르고 면접 날짜도 다르기 때문에 입학원서를 작성하면 입학하는 학생 자신이 알아서 육지로 미리 배를 타고 나가야 한다고 했다. 그래서 자율에 맡겨두어야 한다고 자세히 일러주었다.

여러 일들을 전 담임교사로부터 자세하게 듣고 교실 정리, 학생의 출석부 작성, 잡다한 학급 사무를 처리하다 보니 시간 가는 줄 몰랐다. 그러다가 부두의 엔젤호가 출발하는 뱃고동 소리가 들려 시간을 보니 퇴근 시간이 되었다. 육지에 있을 때는 자기 차로 가고 싶은 곳을 마음대로 가는데 이곳은 배가 없어서 가고 싶은 곳이 있어도 가지 못한다고 생각하니 마음이 아리어 몸을 가눌 수 없었다.

얼마나 험악한 인생길이기에 아내와 막내는 마산집에, 큰아이는 인천에, 둘째는 공부한다고 대구에, 딸아이는 진주에 이렇듯 여섯 식구가 다섯 곳에 흩어져 살아가고 있으니 인생이 참 고단하고 다양하다.

엔젤호의 뱃고동 때문에 열심히 일하다가 이래서는 안되는데 하면서 정에 약해 젖어들면 끝도 없이 상념으로 빠져 들어가게 된다. 하던 일을 정리하고 잠잘 방에 찾아 들어가니 때마침 주인집 아줌마가 연탄불을 넣어두어 방이 따뜻해져 있었다. 따뜻한 인정미로 사람이 주는 정情을 느낄 수 있었다.

부임 첫날 사량도의 하루가 어떻게 지나갔는지 모를 만큼 고단한 몸과 마음을 따뜻한 방에 누워 지냈다. 부임 첫날! 하루가 짧다고 생각될 만큼 너무 바쁘게 지나간 하루였다.

말로 인해 말 많지 않게 하자

이 땅에 봄이 무르익어 새싹이 돋아나고 햇살이 따뜻하게 내리비치는 요즘 신학기를 맞이하여 교정은 활기를 되찾고 있다. 오늘도 여느 때와 다름없이 수업이 되었고, 시간은 흘러 끝자락 마무리될 무렵이었다.

갑자기 오토바이 소리가 요란하게 들리더니 오토바이가 골마루로 진입하면서 교실 쪽의 창문을 망치로 내리치는데 20여 장의 창문이 연속하여 파괴되고 깨어진 유리 조각이 창문 옆에 앉아 수업을 듣고 있던 여학생의 얼굴에 상처를 내었다. 한순간 유리조각이 산산이 부서져 학교는 아수라장으로 변하고 말았다. 그 오토바이는 현관을 통해 계단을 내려가 운동장 쪽으로 비호같이 달아나 버렸다는 것이었다.

수업시간이 아직 끝나지 않았기에 2층 교무실에 앉아 있던 나에게는 요란스러움이 느껴질 정도로 괴성이 울리고 오토바이의 엔진 소리가 정신을 아찔하게 만들기에 1층 현관 쪽으로 내려가 보았다. 아니나 다를까 골마루에서 쳐다보니 짐작했던 대로 교실은 엉망이였다. 교실 뒤쪽 문을 열고 들여다 보았더니 수업하는 선생님께서도 수업을 받던 학생들도 아무 말도 못하고 눈만 껌벅거리고 앉아 있지 않은가!

하도 어이가 없어 나도 멍하니 그들을 쳐다보고 있다가 정신을 가다듬어 수업하는 선생님께 물어보니 영화에서 나옴직한 상황이 삽시간에 일어났다는 것이었다. 공포와 불안스러움 뒤에 오는 정적감이 지나고 수업하는 선생님께 당번 학생을 불러 쓸고 줍게 하여 깨진 유리 조각을 말끔히 없애고 3교시 수업이 시작될 첫머리에 담임 선생님께 정신교육을 갖도록 지시했다.

'어떤 놈의 소행일까'

이런저런 경우를 짜서 생각하고 분석도 해보면서 다각도로 원인을 알아보았으나 신통한 결론이 떠오르지 않았다. 상담실에서 이 사고가 있었던 반의 담임 선생님과 교내의 학생부 담당 선생님과 함께 앉아 이 사건에 대해 말하였다.

우리 학교는 2000년도에 개교한 학교로서 입학시험이 두 번째인 올해는 지원한 학생 모두 다 입학이 허용되었다. 2학년보다 1학년과의 관련성이 더 큰 것으로 생각하고 이곳저곳을 숨박꼭질하면서 술래가 되어 찾아보기로 하였다.

여학생들은 일반적으로 말이 많고 비밀스러운 것이 있으면 상대방에게 말하고픈 특이한 성질이 있기 때문에 이를 다른 학교나 학부형께 알려지면 불미스러운 일이 되기에 절대로 알리지 않기로 약속을 하였던 것이다.

'이 금지령이 과연 지켜질까?'

의아심을 가지면서 〈임금님 귀는 당나귀 귀〉라는 전래동화를 생각해 보았다. 아니 여고 때는 정말로 말이 많고 알고 있는 남모를 비밀이 있으면 입이 간질간질하여 말하지 않고 못 배기는 시기 아닌가? '임금님 귀는 당나귀 귀' 하고 말하고 싶어하는 그 복두장이 바로 청소년의 나이였는지는 잘 모르지만 임금님의 금지령으로 발설하지 못하여 실성한 사람처럼 지나가다가도 결국은 참지 못하여 대숲에 시원하게 소리를 질렀다는 이야기 말이다. 오늘 오토바이 테러 사건을 학부형이나 타 반, 타 학교에 알리지 말라는 것과 상황이 너무나 흡사한 것 같아 과연 지켜질까 의심이 갔다.

아니나 다를까 4층에 있는 학반에 오후 수업이 있어 교실에 들어가니 한 여학생이 손을 들고 그 사건에 대해 이야기했던 것이다. 나는 그때서야 확실히 알았다. 여학생의 입이란 구구전승口口傳承 전달되는 속도가 원자탄보다 더한 위력을 가졌다는 것 그리고 그 비밀을 말하지 않고는 못 배기는 특징을 가진 것이 바로 여학생이라는 사실이다.

옛날 상수도 시설이 없을 때 동네 공동우물이 여인들의 새 소식 전달의 중심지였다. 윗동네 여인이 간밤에 처녀 총각이 만난 사실을 아랫동네 여인에게 너만 알고 있으라는 당부까지 했건만 그 당부까지 아랫동네 전체로 전달되어 한나절만 지나면 그 내용이 확대 가공되어 온 동네는 물론 이웃동네까지 두루 알려졌다. 이와 같이 우리네 여인의 입김은 그 위력이 대단한 힘을 갖고 있음을 새삼 알게 되었다.

여러 학생들 중에서도 내가 알고 있는 비밀을 친구가 알지 못한다고 생각하면 그 비밀스런 내용을 친구에게 알려야 직성이 풀리는 학생이 있다는 것이다. 어떤 때는 수업 중에 책상 위에 엎드려 자는 학생을 발견할 때가 있다. 이 학생과 상담을 하다보면 쉬는 시간에 비밀 이야기를 다른 친구에게 알리지 않으면 심심하여 견딜 수 없어 이 교실 저 교실 다니다 보면 너무 피곤해서 공부시간에 잠이 올 수밖에 없다는 것이다.

〈임금님 귀는 당나귀 귀〉라는 재미있는 옛이야기에서도 복두장에게 발설하면 모가지가 백 개라도 살아남지 못할 것이라는 엄한 금지령도 무산되고 결과적으로 대나무 숲에서 소리를 질러 소문이 나라 전체에 알려지게 되었다. 결국 이 이야기처럼 우리 학교 오토바이 사건도 학교 전체에 모르는 사람이 없을 정도로 학생의 입을 통해 모두 알려졌고 일부 학부형까지 알게 되었다.

긴 세월이 지난 오늘에야 무조건 숨기려 하지 말고 바르게 알고 원인과 결과를 파악하여 학생 스스로 선택할 수 있게 자생력을 길러주는 것이 좋은 방법이 아니겠는가 하는 생각도 해 본다.

무조건 금지령이나 억압된 교육은 오히려 학생들에게 근거 없는 무성한 소문만 더 나게 할 뿐이다. 이러한 억압된 교육이 하루빨리 우리 사회에서 물러났으면 한다.

두 번 째 길

나 자신이 명품이 되게 노력하자

요즘 청소년들이 친구들 사이에서 유행하는 명품시계를 사기 위해 아르바이트를 한다고 한다. 물론 내가 갖고 싶은 것을 몸소 해결하는 것은 자립심을 키우고 책임감을 갖게 하므로 크게 칭찬할 만하다.

그러나 노동을 하더라도 정당한 노동의 대가보다 더 많은 삯을 받으려 하거나 쉽게 돈을 벌려고 한다든지, 노동을 하는 목적이 명품을 소지하려는 데 있다는 것은 문제가 있다. 이는 우리 모두가 깊이 생각해 볼 문제다. 명품 구입을 위해 아르바이트에 나선 학생이 한순간의 유혹에 빠져 한평생 한을 품고 살아가야 하고 일생을 망친다면 얼마나 심각한 일인가?

또한 친구지간에 명품을 가져야 자기 자신을 과시할 수 있고 명품으로서만 자신의 품계를 드러낼 수 있다는 청소년의 심리 자체도 큰 문제다.

모 여고에서 학생부장으로 근무할 때의 일이다. 봄소풍을 다녀온 학생들이 어느 학생의 자취방에 모여 담배를 피우고 술을 마시며 뽕짝 노래를 부르는 등 소란을 피우고 있다는 전화가 왔다. 학생의 신분으로 너무 지나친 행동을 하니 주인집 아저씨가 보다 못해 학교에 연락을 한 것이다.

한 사람 한 사람 추궁하니 중학교 때부터 끼리끼리 모여 이런 일을 곧잘 벌였노라고 했다. 놀라는 한편 이는 학교와 연계한 가정교육도 필요하리라는 생각에서 학부형을 호출하였다.

정해진 시간에 대부분 어머님들께서 학교에 오셨는데 겉모습이 참으로 화사하고 다채로웠다. 짙은 화장과 원색의 매니큐어, 전체적으로 지나치다 싶은 화려함. 순간 나는 마음속으로 겉치장에 쏟는 정성의 반만이라도 딸들에게 쏟았으면 하는 아쉬움이 들었다.

학부형 한 분과 상담을 진행하는 도중에 옆에서는 하나같이 "돈을 안 주더냐", "먹을 것을 안 주더냐" 하며 딸들만 질타한다. 딸보다 부형님들에게 더 문제의 요인이 있다고 생각하고 어머님에게 여러 가지를 부탁드리기도 했다.

무엇보다 가정의 온화한 분위기 속에서 아이들은 편안함을 느끼므로 몸을 편히 쉴 수 있는 환경을 조성해 달라는 점, 학생들이 귀가할 시간에 특별한 일이 없다면 가정에서 따뜻하게 아이를 맞아주고 손수 김이 모락모락 나는 된장찌개를 끓여놓고 기다리는 모정을 보여 달라는 것을 강조하였다. 아이들은 부모의 보살핌과 정 속에서 겉모습의 화려함에 치중하지 않고 내적으로 충실하고 참신한 학생이 되는 법임을 거듭 강조했다.

나는 여러 학교를 두루 거치는 동안 어느 학교에서는 우수 학생의 어머님들을 초청하여 좌담회를 가진 적이 있었다. 그때 학교를 방문하신 어머님들의 모습이 참 인상적이었다. 한결같이 단정한 얼굴과 옷맵시가 간소하고 간결하여 검소한 인상에 얼굴에는 옅은 화장, 손톱에는 꽃물조차 들임이 없이 깨끗하고 액세서리조차 가벼워 청순함마저 느껴졌다.

여자 나이 서른을 넘으면 얼굴과 자태는 자신이 만드는 것이라 하였거늘 그날 만난 어머님들은 참으로 자기관리를 잘하고 있구나 하는 생각이 들었다. 또한 그 어머니에 그 딸, 그 아버지에 그 아들이란 생각이 부지불식 중에 들면서 부모의 속마음까지 닮아가는 그 자식들의 행동거지에 무섭다는 생각마저 들었다.

오랜 교직 경력 속에서 가정교육의 중요성은 늘상 실감하는 부분이다. 가정교육이 잘된 아이는 바탕이 바로 서 학교 교육에도 잘 적응하고 자신의 존재 가치를 높이기 위해 더욱 노력한다. 그 반대의 경우 학교 교육의 효과는 매우 약하다. 이는 매우 안타까운 현실이다. 텔레비전에 나와 명품을 갖고 으스대는 아이를 보면 저 아이의 가정생활과 학교생활은 어떤지 궁금하다. 바로 선 가정교육의 바탕 위에 저렇듯 외면에 몰두하는 아이는 드물다.

그럼 명품이란 뭘까? 나는 명품을 이런 것이라 말하고 싶다.

첫째, 희소가치가 있어야 하고 명품 자체의 질이 좋아야 하고 아름다워야 한다.

둘째, 보존 가치와 인간에게 이로운 것이라야 한다.

무엇보다 명품은 내부로부터 그 아름다움이 자연스럽게 드러나는 것이 진정한 명품이라고 규정하고 싶다. 그래서 나는 지금도 외면보다 내면의 아름다움을 가진 학생이 모든 생활을 즐기는 명품이라고 생각한다. 단순한 물건이 아니라 그 인간 그 자체가.

청소년들이여, 겉모습보다 내면의 아름다움 즉 마음의 아름다움을 간직한 명품이 되도록 자신을 가꾸자. 진정한 명품이 되어 이 사회를 행복하게 꾸미는 아름다운 인간이 되자.

세 번 째　길

여고생은 아름답다

세번째 길

눈 오는 날의 단상

눈이 온다는 일기예보, 그 소식에 마음이 설레고 아름다운 생각이 떠오른다. 아직도 눈이 오면 어린 시절의 개구쟁이처럼 이리 뛰고 저리 뛰며 눈사람도 만들고 누군가와 눈싸움도 해보고 싶은 충동이 인다. 이 나이에 무슨 이유일까? 순수한 동심으로 돌아가 해맑은 인간관계를 더욱 공고히 맺고픈 인간심리의 표현이 아닌가 생각도 해본다.

오후 들어서 간헐적으로 오던 눈이 땅거미가 질 무렵부터 함박눈으로 변하여 삽시간에 온 세상을 백설 애애한 눈세상으로 만들어버렸다. 눈이란 마음속의 어지럽고 미운 것들까지도 곱게 덮어주는 것이니 실로 나는 눈 오는 날엔 공연히 천사가 된 기분이다.

가만히 앉아 있을 수 없다. 눈밭을 걸어 순백의 눈으로 덮인 세상을 마음껏 즐기면서 큰길로 나가 본다. 차들이 눈을 소복이 덮어쓰고 조심조심 달린다. 퇴근하는 모든 사람들은 이 눈을 그저 불편함으로 느끼리라 추량도 해보고, 이 세상의 모든 사람의 퇴근길이 무사하기를 기원하면서 나 역시 조심스럽게 눈길을 걸었다.

골목에는 몇몇 사람들이 나와 쌓인 눈을 치우고 있다.

'참 부지런한 분들이구나!'

마음이 흐뭇했다.

그런데 이웃에 사는 한 아줌마가 자기 차 주위의 눈을 치우며 하는 말이, 다른 사람이 지나다가 미끄러져 내 차에 피해를 줄까봐 미리 쓸어준다고 한다. 그 소리를 들으니 흐뭇한 마음은 사라지고 어이가 없다. 왜 그토록 좁고 부정적이며 이기적으로 생각할까.

'내가 이 눈을 치우노라면 지나가는 사람이 편안하겠지?' 하고 생각하면 안되나? 좋은 마음으로 제설작업을 하면 자신도 즐겁고 스트레스를 받지 않을 텐데. 내 조그만 수고로 많은 타인들이 편안한 마음으로 위험을 느끼지 않고 다닐 수 있다면 일석이조의 즐거움일 텐데. 이웃의 이기적인 말 한 마디가 나를 깊은 사유에 빠지게 했다.

자고 일어나니 밤새 눈이 더 내렸다. 계단과 대문 앞에 쌓인 눈을 말끔히 치우고 동네 한 바퀴를 돌아 본다. 눈이 집 앞에 그대로 있고 없음에 따라 인심사의 후박厚薄을 가히 짐작할 수 있구나 하는 생각이 들었다.

집에서 얼마 떨어지지 않은 곳에서 남쪽으로 높이 솟은 빌딩이 있고 도로 주위에는 과일 파는 집과 일반 상점이 즐비하게 있다. 하루가 지나니 치우지 않고 쌓인 눈이 녹아 물이 되었다가 그 물이 밤새 얼었다. 그러다 보니 과일가게 앞길은 빙판길이 되어 길에다 기름칠한 듯이 미끄럽게 되었다. 지나가는 차량이나 도보하는 행인이 엉금엉금 게걸음을 쳐 보기 민망할 정도다. 눈(雪)이 내려 녹지 않았을 때 눈을 쓸고 제설작업을 하였다면 얼마나 좋았을까? 자신을 위해서도 물건을 사러 오는 손님을 위해서도 더 유익했을 것을.

출근길 도로에는 눈길을 체인도 없이 운전하는 사람, 뒤쪽 창문의 눈은 그대로 두고 운전대 앞에 쌓인 눈만 걷어내고 달리는 차들이 보인다. 자신의 편안함만 찾는 너무나 이기적인 행동, 귀찮고 손끝도 움직이기 싫어하는 우리네 젊은 사람들의 심리를 보여주는 것 같아 마음이 불편하고 걱정스럽다.

약간의 귀찮음이 자신뿐 아니라 남의 안전도 위협하고 있음을 그들은 모를까? 눈을 걷어치워 없애는 데는 잠깐의 시간과 조그만 수고면 되는데 그 잠시 잠깐의 수고가 자신의 목숨과 행복까지 보장

해 세상을 더욱 맑고 밝게 해 주는 것을 정녕 모르는 것일까? 그리고 한 사람의 그 작은 배려가 다른 사람으로 전이되어 이 사회 전체로 확산될 때 삶은 더욱 풍성해지고 즐거워진다는 것을.

세상 사람 모두가 마음의 눈(眼)을 떠 남을 위한 일이 결국 자신을 위한 일임을, 남과 더불어 함께하는 상생의 원리를 깨닫고 조그마한 봉사로 인생을 즐기며 살았으면 좋겠다.

세번째 길

여고생은 아름답다

인간의 아름다움은 거울의 사용과 동시에 구현되었다고 본다. 아름다워지고픈 인간의 심리는 예나 지금이나 마찬가지지만 남자보다는 여자가 미를 추구하는 경향이 더욱 강한 듯하다.

신라시대 최치원은 명문가의 규수가 사용하는 거울을 고의로 깨뜨리고 실수인 것처럼 가장하고 그 집에 머물렀다. 이른바 파경로破鏡路의 신분으로 처녀 집에 산 것이다. 하루 이틀 지내며 처녀와 눈이 맞았고 마침내 부부의 연을 맺었다고 야사는 전한다. 이처럼 오래전부터 인간의 삶은 거울과 관련이 깊었나 보다.

여고에 오랫동안 근무하면서 나는 거울과 여고생의 상관관계에 관해 생각해 보곤 하였다.

어떤 학생은 수업 시간에도 틈을 내 거울을 꺼내놓고, 어떤 이는 앉은 학생을 방패삼아 수업 내내 눈썹에서부터 입가까지 얼굴 구석구석 비추어 본다. 모른 척하며 보노라면 그네들의 아름다움을 추구하는 열성에 뜻하지 않은 미소까지 떠오른다.

어쩌다 그 모습을 곁눈질로 보고 "넌 거울을 보지 않아도 참 예쁘다."고 하니 잽싼 행동으로 바로 앉아 시침을 뚝 떼곤 생긋 웃는다. 그 스스럼없는 모습이 순수하고 예쁘다. 이른바 순수미다.

방년의 나이인 여고생들은 또래의 남자들보다 정신연령이 다소 앞선다고 한다. 모 종고에서 남녀 합반의 인문과 반을 담임한 적이 있었다. 그때 그 반의 남녀 비율이 반반으로 구성되었는데 거의 모든 학급 일을 여학생들이 주도적으로 처리했다. 남학생들은 수동적 자세로 여학생들이 시키는대로 할 뿐이었다. 그래도 잡음 하나 없이 조화롭고 항상 학급에는 웃음꽃이 피고 사랑이 넘쳐났다.

하루는 여학생 반장이 손을 번쩍 들었다. 담임에게 건의사항이 있다는 것이다. 들어보니 유영이란 남학생과 같은 자리에 앉아 공부하고 싶다는 소원이었다. 마침 학급 조회시간이라 남학생에게 바로 의사를 물어 보았다. 묵묵부답. 승낙의 의미로 받아들여 한자리에 앉게 하니 그 모양이 우스웠다. 남학생은 간신히 한쪽 엉덩이만 걸치고 굳었는데 여학생은 자연스럽게 앉아 편하게 웃고 있는 것이다. 그런데 나는 그 모습이 참 조화롭게 보였고 당당하게 자신의 생각을 주장하는 여반장이 아름답게만 보였다.

여자는 집안의 꽃이라고 한다. 꽃이란 아름다움과 화사한 분위기를 조성해 주는 역할을 한다. 곱게 피어 있는 꽃을 꽃병에 꽂아 두면 집안 분위기가 한결 부드러워지고 온화하다.

긴 교직 생활 중 여고에서 보낸 시간이 많은데 역시 여고의 분위기가 남고나 남녀공학보다 훨씬 부드러웠다. 또한 내가 만난 여고생들은 모두 다 인정미가 넘치고 청순하며 섬세한 정서를 자랑했다. 다만 좋으면 아주 좋고 싫으면 아주 싫다는, 중간이 없이 극에서 극으로 표현되는 성격이 특징적이었다. 허나 이는 아름다운 장미에 돋은 가시가 아닐까 한다.

여고에 근무하면서 교지를 만들다 보면 여학생 특유의 정서를 곧잘 만난다. 대부분의 글이 깊은 밤 반짝이는 별을 보며 느끼는 외로움이나 그리움 그리고 방황 등을 노래하고 있다. 여성 특유의 애정 표현을 보는 것 같다. 이런 감상적인 애정이 생활에 뒷받침되어 가족이나 친구들과의 유대도 더욱 친밀하게 유지되나 보다.

문득 회의차 서울에 가면서 동료들과 나누던 우스갯소리가 떠오른다. 서울에 아들과 딸이 동시에 가정을 꾸려 살고 있는데, 하루 찾아간다면 어느 곳으로 쉬이 발걸음이 옮겨지는지? 모두가 이구동성으로 딸집으로 간다고 했다. 짐작컨대 부모와 딸이 아들보다 훨씬 허물없는 관계를 형성하고 있는 까닭이리라.

여학교에서 보는 여학생의 특징은 이뿐만 아니다. 그들은 부드러운 감성과 함께 날카로운 면도 가지고 있다.

수업시간 교실에 들어서는 교사의 표정부터 살피고 바뀐 넥타이며 머리 모양, 피로의 정도 등 그들의 관찰력은 때로 감탄을 자아내게 한다. 또한 호기심과 관심은 어찌 그리 많은지 수업 중 빠뜨리지 않고 조르는 선생님의 첫사랑 이야기, 비 오는 날의 추억 등 그들의 요구를 다 들어주려면 남의 옛이야기까지 동원해야 할 판이다. 다행히 그들은 순수한 마음으로 적당히 각색한 선생의 이야기를 듣고 때로 같이 마음 아파하기도 한다.

이렇듯 당찬 듯 부드럽고 개구진 듯 섬세한 여고생들을 어찌 아름답다 하지 않겠는가?

옛날 우리네 여인들이 문설주에 기대어 사랑하는 임을 기다리던 모습은 아름다웠다. 주위의 눈이 두려워 문설주 뒤에서 살짝 눈웃음 짓던 그 아름다움. 그네의 모습이 오늘날 여고의 학생에게도 종종 나타난다.

아침 일찍 사모하는 선생님 책상에 꽃병을 놓아 두고 총총히 사라진 후 수업시간에 낯을 붉히면서 그 선생님의 표정을 몰래 살피는 모습이나 좋아하는 선생님의 신발장 안에 편지와 함께 달고 새콤한 과자를 넣어 놓은 일 등. 이 모두가 여고생의 순수함이 빚어내는 특유의 아름다움이자 전통이리라.

여고생은 아름답다. 세파에 물들지 않은 청순한 순수미, 미용사의 미용기술에 의존하지 않아도 적 · 백 · 흑이 뚜렷한 유현幽玄한 자연미랄까, 천래무봉天來無逢의 하늘이 준 아름다움은 여고생이 갖는 특유의 미다.

나는 이들과 벗하며 30여 년을 지냈다. 역시 난 팔자 좋은 사람인가 싶다.

세번째 길

질타를 웃음으로 대하는 학부모

학교에 부임하여 몇 개월 지날 무렵 학교 주위를 돌아보았다. 학교 부지가 하도 넓고 구부러진 언덕배기로 복잡하게 형성되어 있어 기능직인 황군과 같이 동행하면서 약도에 일일이 기록하며 현황 파악과 문제점을 알아보았다.

학교 뒤편에 돈사가 있고 그 뒤 아파트가 있으며, 아파트 골목이 있는 동남편에 주택이 있고 그 옆으로 사철나무와 탱자 울타리가 조성되어 있었다. 탱자 울타리는 그대로 높이 자라서 학교 쪽으로는 싱싱한 가지를 뻗어 울타리 역할을 하고 있으나 학교 울타리 밖은 고사枯死되는 약을 쳐서 죽음 직전의 상황이었다.

생울타리가 반이나 망가진 모습에 기가 막혔다. 누가 이렇게 하였을까? 황군과 함께 골목을 걸으며 추리한 결과 마음이 가는 집이 있어 그 집 대문 앞에서 주인을 찾았다.

벨을 여러 번 누르니 60대 후반의 한 중노인이 방문을 비스듬히 열고 마루로 나오지 않은가. 대문 밖에 서서 "주인 계십니까?" 하니 "왜 그러시는데요." 하고 대문 쪽으로 걸어 나온다. 학교 교장이라고 내 소개를 한 후 탱자 울타리를 보고 "이 탱자 울타리에 누가 약을 쳐서 이렇게 생울타리를 망쳐 놓았어요." 하며 역정을 내니 상대방도 질타叱咤하면서 언성을 높였다.

몇 해 동안 탱자나무가 무성하게 자라 점점 골목이 좁아지고 다니기 불편하여 학교에 전화로 수차례 전정剪定하여 줄 것을 간청하였으나 그때마다 반응이 없더란다. 다니기는 불편하고 할 수 없이 일부만 약을 쳐서 탱자나무의 성장을 막을 수밖에 다른 방도가 없었다는 것이다.

알고 보니 그분은 우리 학교 학부형이기도 했다. 한편 매일 그 길을 이용하는 사람으로서는 극약처방(?)을 내릴 만했으나 그래도 나무를 잘라내어 다니기 편하게 해야지 약을 치면 나무 전체가 죽으니 이는 막가는 처사가 아니겠는가 하고 추궁을 하니 집주인인 학부형의 태도가 갑자기 부드러워졌다. 노기 띤 얼굴은 찾아볼 수 없고 반색을 하시는데 오히려 내가 속으로 놀랐다. 그분은 오히려 이렇게 학교의 울타리까지 관심을 주고 계신 교장 선생님께 감사한 마음 한량없다고 하지 않은가.

조금 전 험악한 분위기의 반전에 나도 표정이 풀려 웃으니 그분은 웃음 띤 얼굴에 지금까지 학교의 시설물을 챙기는 교장 선생님이 없었는데 이제 우리 학교가 될 것 같다면서 나에게 악수를 청하는 것이었다. 이렇게 격앙된 분위기에서 화해의 분위기로 바꾸어진 것은 상대방의 사정을 이해하고 장점을 말해 준 그분의 미덕 때문이 아니겠는가. 나는 이 일을 곱새겨보며 앞으로 사회생활을 이런 온화함과 넉넉함으로 해야지 하고 다짐해 보았다.

사실 학교에 근무하다 보면 학생들이 담을 넘고 다니는 일이나 사철나무나 탱자나무, 향나무 등 생울타리 사이로 몰래 출입하는 일, 철망을 잘라 구멍을 내어 다니는 일들로 학생과의 충돌이나 학교 주변 상점 주인들과의 대립 등 말이 많고 사연도 가지가지인 것이 이루 말할 수 없다.

오늘도 나는 평상시 학부형님들께서 불만을 말하는 것처럼 이론을 늘어놓고 학교의 잘못을 끝까지 추궁할 줄 알았는데 의외로 감사의 뜻을 표하여 무척 놀랐다. 얼마나 감사한지 함안고등학교 뒤쪽의 노할아버지의 그 너그러운 마음을 길이 칭찬하고 싶다.

그 감사하는 마음에 보답하기 위해서라도 하루빨리 황군더러 그 골목길을 불편 없이 다닐 수 있게 전정剪定하도록 부탁하였다.

올해도 새잎이 솟아나기 전에 전정을 하였는지 궁금하고 그 골목 옆에 있는 탱자나무 생울타리가 말끔히 정리되어 그 할아버지께서 기분 좋게 걸어다닐 수 있었으면 좋겠다.

세
번
째

길

보이지 않는 것을 볼 수 있도록 노력하자

우리말 중 '상상력'이란 말이 있다. 상상력이란, "어떤 일을 마음속으로 미루어서 새로운 일을 꾸미어 생각하는 것"이다. 이 꾸미어 생각하는 힘은 보는 것에 많이 좌우된다. 햇빛 아래서 먼 곳의 사물을 볼 때 눈이 부셔 손을 눈 위에 대고 본다는 간看이라든지, 황새가 한 바퀴 빙 돌면서 먹을 것을 찾기 위하여 자세히 보는 관觀이라든지, 그저 그 사람의 눈에 보편적으로 보이면 본다는 평이하게 보는 견見 등. 이 모두가 복합적으로 어우러져 우리의 망막에 들어와 사물을 깊이 있게 보게 되는 것이다. 그러나 우리 인간은 눈에 보이는 것만이 아니라 행동이나 얼굴 표정으로 미루어 눈에 보이지 않는 것도 볼 수 있는 '상상'이 가능하다. 이러한 '상상'은 우리의 심성을 풍부하게 하고, 미래에 대한 희망을 가지게도 한다. 또한 이것을 통해 아름다운 세계를 재창조할 수도 있는 것이다.

언젠가 TV특강을 수강한 적이 있는데, 그때 미래는 현재의 연장이 아닐 수도 있다는 말을 들은 적이 있다. 우리는 일반적으로 과거, 현재, 미래가 고리처럼 이어져 그 바탕이 더욱 진보 발달되어 즉, 과거의 바탕에서 현재가 이루어지고 그리고 미래를 예측할 수 있다고 생각한다. 그런데 앞으로의 세계는 이전 것과는 전혀 다른 차원의 것이 새롭게 창조되어 형성될 수도 있다는 것이다. 그렇다면 앞으로는 보이지 않는 것을 볼 수 있는 상상력이 더욱 중요한 비중을 차지하는 시대가 될 것이다.

몇 년 전 여고에서 수업을 할 때 우리나라 현대시 중에서 가장 아름다운 상상을 불러일으키는 시가 무엇인지 설문조사를 한 적이 있다. 제일 많은 응답이 조지훈 님의 〈승무僧舞〉였다. 아마 청순한 여고생의 순진무구한 마음속에 '얇은 사紗 하이얀 고깔에 감추인 복사꽃 고운 뺨'을 가진 여승의 모습이 주는 서럽고도 아름다운 모습이 상상되었기 때문일 것이다.

상상은 자유라고 말한다. 그러나 긍정적이고 현실에 바탕을 둔 상상이라야 진정한 상상이다. 실천이 결여된 상상은 결코 상상이 아니다. 우리가 이러한 무한의 창조와 이상적인 발전의 가능성을 지닌 상상력을 기른다면 정말 윤택한 삶을 영위할 수 있을 것이다.

피천득 님의 〈인연〉이라는 수필에 나오는 아사코 이야기를 한번 생각해 보자. 그가 유학시절 처음으로 아사코를 만났을 때 그녀는 성심여소학교 1학년이었다. 그 당시 그녀는 어리고 귀여운 모습이었다. 그리고 두 번째, 성심여학원 3학년 시절에 만난 그녀는 청순하기가 꼭 목련꽃 같은 여인이었다. 그러나 세 번째 진주군의 아내가 된 아사코는 시든 백합 같았다고 했다. 만약 그가 세 번째 아사코를 만나지 않았다면 그는 언제까지나 그녀를 두 번째 만났을 때의 갓 피어난 백합 같은 청순한 여인으로 기억하고 상상의 날개를 폈을 것이다. 그리고 그런 아사코의 모습은 그의 뇌리에 남아 세상을 살아가는 활력소가 되었을 것이다.

내가 교사가 되어 첫 부임을 했을 때 나를 따르던 고등학교를 갓 졸업한 소녀가 있었다. 어느 날 그녀가 석양 무렵에 이슬비가 내리리던 들녘에서 푸른 비닐 비옷을 입고 식구들과 같이 모를 심고 있을 때였다. 갑자기 그녀가 서 있는 곳에서 일곱 색의 무지개가 펴졌다. 무지개와 함께한 그녀의 모습은 내게 천상천하 하나밖에 없는 아름다운 선녀로 보였다. 그때 그녀의 모습은 미의 극치로 나의 뇌리에 각인되어 오래도록 사라지지 않았다. 그런데 바로 오늘 우연히 시내버스 안에서 그녀를 만났다. 그러나 지금 그녀의 모습 어디에도 예전의 사랑스럽고 아름답던 흔적이 없었다. 그동안 내 마음속에 자리한 그녀는 무지개와 함께한 천사의 모습으로 세월을 비켜나 있었던 것이다. 아마 오늘 이렇게 보지 않았다면 내 기억 속의 그녀는 언제나 예전 모습이었을 것이다. 이미 허상이 깨져 조금 힘들겠지만 그래도 나는 그녀를 옛날 앳된 모습으로 상상하며 젊은 날을 추억하리라.

아, 상상한다는 것은 얼마나 아름다운 일인가. 세월의 흐름이 나를 노인으로 만들지라도 언제나 풍부한 상상력으로 인생을 윤택하게 살고 싶다.

세
번
째

길

장군의 뜻을 품고

전세버스 안에는 풍부한 인생경험으로 넉넉해진 이순耳順의 하객들로 만원이다. 산뜻한 옷으로 차려입고 저마다 세상살이에 통달한 얼굴로 덕담을 나누는 축하객들의 얼굴 면면에는 웃음이 가득하여 오늘의 결혼식을 더욱 빛나게 한다.

아침 일찍 출발한 버스는 고요한 아침 안개 속으로 들어갔다 나왔다 고속도로 위를 미끄러질 듯 대전을 향해 달리고 있었다. 눈을 감고 버스의 흔들림에 비몽사몽 과거와 현재를 오가며 오늘의 혼주와 내가 먼 옛날 중학교 시절부터 함께했던 일들을 생각했다. 같은 학교 같은 반에서 생활하던 일, 학교 다니던 길목, 봄이 오면 남지 들녘 도화 속으로, 낙동강변의 밀밭 길로 머리가 보일 듯 말 듯 달리며 놀던 일, 올 익은 복숭아를 서리해 줄행랑치던 일을 회상하고 있을 때 갑자기 은은한 경음악 소리가 끊어지고 혼주가 마이크를 통해 정중하게 감사의 인사를 한다. 현실로 돌아와 눈을 뜨고 달리는 차창 밖을 보니 버스는 추풍령 고갯길을 할딱거리며 오르고 있었다.

다음 노정을 위하여 추풍령 휴게소에 들렀다. 차에서 내려 바라보니 맹춘의 하늘은 진남색을 띠고 삽상颯爽한 바람 사이로 간혹 흰 구름이 두둥실 어디론가 흐르고 있다. 하객 모두 부지런히 볼일을 보고 바삐 차에 오르니 따끈한 찹쌀떡과 각종 먹을거리가 들어 있는 봉지가 주인보다 먼저 와 있었다.

저마다 봉지를 풀어 자신의 식성에 맞는 음식을 맛있게 먹으며 소주도 한 잔씩 나눈다. 흐르는 음악에 적당한 취기가 흥을 싹트게 하여 자리마다 끼리끼리 웃음 띤 얼굴, 다정한 속삭임이다. 지금 이 순간 버스 안은 환희와 기쁨이 충만한 세상이다. 조금만 더하면 축하 노래가 저절로 나올 것 같다.

이윽고 차가 식장에 도착했다. 휘황찬란한 불빛과 아름다운 꽃송이로 장식된 식장은 총각과 처녀를 한 쌍의 원앙부부로 가약하기에 부족함이 없었다. 드디어 결혼식이 시작되고 주례가 등장했는데 늠

름하고 위엄이 있는 태도에 견장을 달고 정복을 입은 그 빛도 찬란한 3성 장군이다. 이어 오늘의 주인공 신랑의 등장! 그는 육군사관생도였다. 긴 칼 반짝이는 사열대 밑으로 보무도 당당히 군복차림으로 씩씩하게 걸어 들어가는 모습은 한 사람의 남편이나 한집안의 가장만이 아니라 우리나라를 지키는 군대의 기둥으로 전혀 손색이 없는 너무도 자랑스러운 모습이었다. 웨딩마치가 울리면서 저쪽 끝에서 하얀 드레스에 하얀 면사포를 쓴 신부가 등장한다. 그 단아한 얼굴은 동양화에 나오는 아름다운 여인을 연상케 하였다.

의식절차가 계속되어 주례의 말씀. 효도, 봉사, 우애를 강조하며 귀밑머리가 파뿌리 되도록 길고 긴 인생여정에서 세상 어떤 가정보다 모범이 되어 잘살기 바란다는 말씀은 신랑신부만이 아니라 일가친척과 하객에게도 교훈이 되는 말이었다. 신랑이 신부를 안고 긴 칼 사열대를 통과하는 의식은 사회의 기본 구성단위인 가정을 꾸려 첫출발하는 두 사람이 세상 속에서 마주할 고난과 역경을 함께 헤쳐나갈 것을 다짐하는 것 같아 인상적이었다.

또한 행진하는 신랑신부를 긴 칼로 막으면서 첫날밤에 대한 각오와 군인으로서의 임무수행을 군가로 나타냄으로써 오늘의 주빈인 신랑신부의 애정을 확인하는 것도, 신부를 안고 새출발하는 신랑의 리더십도 모두가 멋과 멋으로 이어진 이 세상 삶의 아름다운 한 단면이었다.

예식을 마친 후, 올 때 그대로 버스를 타고 달리는데 버스 안의 노래는 세상사 굽이굽이 절절함을 노래한다. 사랑 노래가 주를 이루었다. 태진이의 〈사랑은 아무나 하나〉에서 “눈이라도 마주쳐야 하고 너와 내가 만나 점 하나를 찍어야 하는데 누가 쉽다고 했나.”라는 부분에 공감이 갔다. 정말 사랑은 쉬운 것이 아니다. 차는 점점 남쪽으로 달리고 시간은 자꾸 흘러 차창 밖으로 어둠이 짙어지고 있었다.

몇 차례 노래를 돌리더니 이제는 쿵짝쿵짝 2/4 박자로 버스 안의 통로가 무도장으로 변했다. 굽이굽이 구절마다 모든 사람이 똑같은 동작으로 눈을 지그시 감고 이리저리 난무하는 동작은 흥을 못 이기는 인간의 내적 열정이 소용돌이쳐 나오는 멋진 모습이었다. 한 가지 주제의 노래가 끝나고 다음 곡의 가사와 곡조가 흘러나오면 사람마다 각자의 다양한 특유의 몸짓이 백태만상이다.

몇잔 마신 소주에 취기가 오르고 분위기는 점점 무르익는다. 차 안의 오색등의 불빛은 사람의 넋을 홀리어 이제는 마치 여기가 이동식 스탠드바인 것 같다. 이런 분위기가 조금만 더하면 허공에 떠서 모두 날아 피안의 세계로 빠져들 것만 같다.

사람은 술을 먹고 분위기가 자유분방해지면 평소에 갈망하던 것을 입 밖으로 내는 모양이다. 갑자기 “우리 아들 장군 된다.”는 소리가 마이크를 통해 차 안을 울렸다. 이 소리는 혼주가 오늘 결혼한 아들이 장군이 되어 주었으면 하는 소망의 절규라 생각되어 박수가 터져나왔다. 말은 모든 사람의 힘이 모이면 싹이 되고 힘을 발한다고 하였다. 우리 모두가 뒷날 혼주의 아들이 장군의 뜻을 품고 노력하고 노력하여 꼭 그렇게 되기를 그 차 안에서 빌고 또 빌었다.

세번째 길

대둔산의 위용

빗방울이 떨어지다가도 구름이 걷히고 파란 하늘이 보일 듯하다가도 구름이 끼어 물방울이 후다닥 떨어지는 날씨에 대둔산 주차장에 도착했다.

이렇게 고르지 못한 날씨에 나를 여기까지 오게 한 것은 바로 알맞게 물들여진 오색찬란한 단풍의 유혹이었다. 그 유혹에 못 이겨 이곳 완주군 운주면 대둔산도립공원에 오고 말았다.

남강휴게소에서 따뜻한 우동 한 그릇을 먹었다. 곧장 남해고속도로를 거쳐 대진고속도로의 금산IC에서 내려 17번 국도를 질주했다. 그런데 달려올 때는 긴장 상태로 배고픔을 몰랐는데 운전석에서 내리니 금강산도 식후경이라는 옛말이 정말 실감난 것은 비단 나 혼자만이 아니었다. 출발할 때도 전주비빔밤이 목구멍에 침을 꼴딱꼴딱 넘어가게 하더니 입장 매표소 부근의 식당의 비빔밥 메뉴가 나를 유혹하고 있는 것이 아닌가? 시장기가 반찬이라 산채에 약간의 참기름으로 비빈 한 그릇의 감칠맛 나는 비빔밥은 마파람에 게눈 감추는 듯하였다.

줄을 이어 내려가고 올라가는 등산객의 대열에 끼여 입장료는 경로우대의 혜택을 받고 케이블카 왕복비만 표를 사서 50명 단위의 승선 인원에 합승했다. 내원의 지시에 따라 모두 탄 케이블카는 움직이기 시작하여 경사가 가파른 대둔산 한 산마루를 할딱거리면서 오르고 있었다. 모두 다 안전 속에 펼쳐지는 대자연의 진면목에 도취되어 어린아이들처럼 환성을 질렀다.

이에 때를 맞춰 케이블카의 기내방송으로 대둔산을 소개하는데 이곳은 한국 8경의 하나로 산림과 수석의 아름다움과 최고봉인 마천대를 중심으로 기암괴석들이 각각 위용을 자랑한고 했다. 봄철에는 진달래 철쭉과 엽록의 물결이 파도치고, 여름철이면 운무 속에 홀연히 나타났다 숨어버리는 기암들, 가을에는 불붙는 듯 타오르는 오색 단풍이 협곡마다 푸른 소나무와 어우러져서 비단을 펼쳐놓은 듯 등산객의 가슴까지 물들일 듯하다고 했다. 눈이 오는 겨울철은 봉마다 고개마다 은봉옥령으로 이곳을 찾는 등산객의 마음을 홀리게 한다고 한다.

케이블카에서 내려서니 단애가 비좁게 옆으로 밀려드는 듯한 깊고 으슥한 좁은 협곡에 인공을 가미한 시멘트 기와집이 중심을 잡고 버티고 서 있었다. 전망대에 올라가 서해를 바라보니 서해는 보이지 않고 서해 저편 햇볕의 내려앉음으로 골골이 굽이치는 협곡은 마치 작은 그랜드캐니언에 들어온 기분이다.

등산객들의 행렬 따라 새로 전개되는 자연의 진수성찬을 맛보러 다리가 시큰거리는데도 악을 쓰며 뒤따라 올라가니 계단 전체가 구멍 뚫린 철계단으로 발이 낄 것 같아 정신을 차리고 올라갔다.

전망대에서 바라보는 주위의 호방한 산세는 나의 기를 눌러 버릴 만큼 광활했다. 계단마다 구멍이 뚫려 구멍 사이로 보이는 저 아래 지면은 더욱 아스라이 보이는 것 같고 올라가는 등산길은 하늘을 향해 매달아 놓은 것 같았다. 육각정에 가기 전 삼거리에서 스님 한 분이 불경을 설파하면서 중생을 구원하고 있었는데 같이 간 아내도 절을 하며 부처님 전에 제전祭奠을 놓고 무엇인가 한참 동안 기원을 드리고 절을 한 후 물러났다.

길은 좁고 돌길이라 조심하지 않으면 천 길 낭떠러지에 떨어질 것 같아 겁을 먹고 있는데 대둔산에서 빼놓을 수 없는 금강구름다리에 드디어 도착했다. 이 금강다리는 임금바위와 입석대 사이의 허공에 매달린 철제다리로 50m의 거리를 양쪽 바위에 걸쳐 출렁거리는 다리이다. 아래로 내려다보면 천인단애千仞斷崖! 일렁거릴 때마다 가슴이 콩알만 하여 조심조심 한 발자국씩 건너갔다.

이 다리를 건너면 편안한 등산길이 펼쳐지겠지 하고 건넜지만 더욱 돌올突兀한 바위 틈 사이로 비좁은 돌길 따라 삼선철 사다리로 행진하는 행렬은 끝이 없었다. 삼선철 사다리는 마천대로 가는 길이라는 등산객의 설명을 듣고 바라보니 철계단은 하늘에 걸쳐진 느낌이요, 거기에 오르는 사람은 곡예를 하는 기분이었다. 겁에 질려 가는 것은 포기하였으나 아쉬움은 남아 있었다.

마천대는 하늘과 맞닿은 곳으로 이 세상 온갖 이야기를 하늘에 고축하니 전지전능하신 하나님께서 속세의 온갖 비리를 다 알고 그것에 알맞은 사건 사고를 모두 치유하여 이 세상 평화와 번영을 가져오게 하신다면 그것이 바로 우리 모두가 바라는 소원성취가 아니겠는가!

먼 훗날 하나님께서 이곳까지 왔었다가 더 앞으로 나아가지 못해 하나님께 고하지 못했노라는 흔적을 남기기 위해 같이 간 친구의 사진기로 사진을 찍으려고 했다. 때마침 구름이 걷히며 밝은 태양이 나의 주위를 비추어 주는데 먼 훗날을 다시 기약했다.

아쉬움을 뒤로하고 다른 길로 내려오면서 암벽 위의 바위를 바라보았다. 그 면적이 고르고 반질반질하여 칼로 마감을 한 것 같고 돌올한 암벽 위에 바위 틈새로 활엽수나 잡목이 비집고 서 있어 암봉의 각 꼭대기에는 마치 소나무를 분재하여 가꾸어 놓은 나무마냥 자태를 뽐내고 있었다.

내려오는 삼거리 길에서 마천대까지 올라갔다 내려오는 등산객을 만나 그 얼굴을 바라보니 삼산철 사다리를 오를 때마다 얼굴에 여유와 편안한 마음을 읽을 수 있었다. 그들은 아마 하나님과 무한한 대화로 위로의 말을 듣고 이 세상 근심 걱정이 마음속에서 깨끗이 없어졌으리라 믿어 의심치 않는다. 케이블카를 타고 내려오는 길에 그들의 말은 없었지만 여유 있는 표정을 통해 바르고 옳게 행동하고 노력하면서 사는 인간이 되라고 일러주는 것같이 생각되었다.

세
번
째

길

형주병원으로 가는 사람들

차들이 서로 먼저 가겠다고 몸부림치며 질주하는 고속도로. 양산 톨게이트에서 고속도로를 빠져나와 언양 쪽 국도를 따라 북쪽으로 올라가노라면 아파트촌이 끝나고 거기서 곧바로 오른쪽 길로 꺾어 드니 바로 형주병원이 나왔다.

이 세상 멀고 먼 길을 기진맥진 걸어온 인생 노경의 길을 말해주는 양 차도 할딱거린다. 차에서 내려 사방을 둘러본다. 송림이 우거진 산자락이 병원을 감싸 주위는 고요하고 온화한 기운마저 감돌고 있다.

준비한 음식과 음료수를 챙겨 넓은 현관으로 들어섰다. 여기저기 꽂힌 생화가 정갈하고도 깔끔한 이미지를 풍겨 방문객의 마음을 따뜻하게 한다. 접수창구로 가 수속을 끝내고 안내원을 따라 엘리베이터를 타고 위층으로 올라갔다. 위층의 넓은 홀에는 환자들이 삼삼오오 앉아 무심하게 방문객을 쳐다본다.

안내원의 지시에 따라 면회 대기실 원탁의자에 앉아 빙모님을 기다렸다. 좀 있으니 빙모님께서 거동이 불편한 몸으로 어정어정 걸어오셨다. 아내는 빠르게 일어나 어머니를 끌어안고 통곡을 한다. 끊이지 않는 아내의 울음. 이는 인생 역정의 순환에 따른 부모자식 간의 피로 엉긴 애환의 정이 아니겠는가? 나도 온몸에서 저려오는 통한의 정에 눈시울을 적시고 말았다.

어버이의 자식 사랑은 끝이 없고, 당신의 분신인 양 돌보아 주시던 그 은혜는 나이가 들수록 더 절실히 느껴진다. 자식이 아플 때 자기 자신의 아픔인 양 밤잠 설쳐가며 옆에서 간호해 주시던 어머니, 젊음 하나로 당신의 괴로움을 사랑으로 승화시키며 늘 가족들을 즐겁게 해 주시던 어머니. 한결같이 묵묵한 모습으로 곁에 있을 줄 알았던 어머니. 그 어머니가 이처럼 힘없는 모습으로 서 계신 모습을 보니 비로소 무심한 세월의 흐름, 그동안 못해 드린 효 생각에 가슴이 찢어질 듯 아픈 것이다. 어머니의 삶은 고난과 역경이 융화된 아픔의 세월. 그 아픔이 이제야 자식의 맥박 속에 스며들어 온몸을 저리게 한다.

주위를 살펴보니 문이란 문은 모두 철문이요, 많은 이들이 이 속에서 제한된 자유를 누리고 있다. 서로 손을 잡고 좁은 거리를 목적없이 돌고 있는 이들을 보니 측은한 생각이 절로 든다. 어떤 할머니는 흘러간 옛 노래를 부르고 계시는데 음정, 박자가 모두 엉터리다. 그래도 당신은 흥이 나 계속 흥얼거리신다. 순간 고령의 노인병이 얼마나 무서운지 짐작할 뿐이다. 또한 중환자실에 누워 무의식 속에서 아프다는 소리만 되뇌는 장면이 청춘의 고귀함과 건강의 고마움을 동시에 느끼게 한다.

세상살이의 각박한 인심 때문인가? 요즘 우리들은 부모님에 대한 효의 마음이 식어가는 듯하다. 가족이 없어 간병인의 도움으로 하루하루를 겨우 버티어 나가는 중환자들. 그들을 간호하는 간병인과 간호사들이 오늘 따라 천사처럼 우러러 보인다.

환자에 대한 뒤처리에 거리낌이 없고 오로지 환자의 편의를 위해 최선의 성의를 베풀고 있는 나이팅게일의 후예들. 이들이야말로 하늘이 주는 복을 받아야 될 사람들이다. 그들이 웃음을 잃지 않고 환자를 돌보아 주는 것은 사명감일까? 아니면 직업의식을 초월한 사랑일까?

이런저런 생각에 잠겨 있는 동안 아내의 울음이 잦아들었다.

짧은 시간이나마 제한된 공간에서 벗어나기 위해 송림 속 원탁의자가 놓여 있는 장소로 이동했다. 요플레와 요쿠르트 병에 빨대를 꽂아드리니 한 모금 마시고 좋아하신다. 그 모습에 옆에서 돌봐 드리지 못하고 먼 곳에서만 연연해 한 나의 부족한 효심이 상기되어 한없이 죄송할 따름이다. 정작 당신은 외손자와 손녀를 지극정성으로 보살펴주셨고 당신의 딸 또한 곱게 길러 내게 보내 주셨는데, 언젠가는 그 은혜에 보답하리라 다짐만 하다가 하루 이틀 세월만 축낸 시간이 무척 후회된다.

현대는 맞벌이 부부가 대부분인 시대라 집안에 남아 노부모를 간호하기가 매우 어렵다. 그러나 그 와중에도 부모에게 효를 다하는 사람들도 있다. 나와 같이 한 직장에 근무한 적이 있는 손 선생님의 사모님은 교직에 계시다 시모의 병구완을 위해 사표를 제출하고 아픈 환자의 손발이 되어 효를 다했다. 시대가 아무리 변해도 부모의 자식 사랑이 변하지 않은 것처럼 우리 자식들도 마음을 다해 부모를 섬기는 일을 당연하게 여겨야 하리라.

'고려장' 에 얽힌 이야기를 기억할 것이다. 할아버지를 고려장 하고 내려온 아들이 지게를 갖고 오자 아버지가 그 연유를 물었다. 훗날 부모님을 고려장할 때 필요한 지게라 버리지 않고 가져왔노라는 아들의 대답에 놀란 아버지가 일흔이 된 부모를 다시 모시고 내려왔다는 이야기.

오늘 내가 내 부모에게 한 효의 모습 그대로 내 자식이 내게 실행한다는 인간 업의 이치를 깨닫고 후회하지 않도록 부모에 대한 효도를 다하자.

세 번 째 길

남자친구는 영원한 친구예요

한 해가 저물어가는 11월도 중순에 접어들어 오후 대여섯 시가 되면 어두컴컴하다. 교내 학예제가 시작되어 반별 합창제 그리고 장기자랑을 치르고 나면 분위기가 고조되어 학교 내 풍물패들이 앞장서고 그 뒤로 학년별 학반별 친한 친구들끼리 손에 손잡고 때로는 두 손을 자유롭게 들어서 풍물패의 장단에 맞추어서 춤을 추었다. 각자 흥에 겨워 자유롭게 남녀 학생이 한 덩어리가 되어 학교 교문 앞에서부터 행사장이 열리고 있는 강당으로 가는 휘황찬란한 불빛 아래 장단에 도취되어 선두사물패를 따라 타원형을 그리면서 빙빙 돌아서 흥이 극에 달했다. 몸을 부딪치고 얼싸안고 어깨동무를 하고 스크럼을 짜면서 점점 자유분방한 분위기로 변하기 때문에 풍물패의 장단을 소강상태로 전환하여 자유놀이로 유도하니 모두 다 제각각 웃음과 재담이 어울려 전체 분위기는 화기애애하고 얼굴마다 웃음꽃이 피었다.

오늘이 바로 학예제가 끝나는 날이다. 저녁 무렵 남녀 학생들이 가로등 불빛 아래 삼삼오오 짝을 지어 밀담을 나누고 있기에 학교 내 분위기도 조금 이상하게 흘러가는 예감이 들어 우리 학교 학생이 아닌 남학생은 교내 밖으로 나가라는 방송과 더불어 학생부 선생님들이 교문 밖으로 쫓아내니 한 여학생이 뒤따라오면서 "선생님은 한 해가 지나면 관계가 없지만 저 남자친구는 영원한 친구예요." 라면서 항의조로 악을 쓴다.

나는 그 소리를 듣고 거듭 생각하면서 그 뜻을 곱새겨 보았다. 영원한 친구, 참 좋은 뜻이다. 친구와 술은 오래될수록 좋다고 한다. 술은 오래됐는지 아닌지는 내 술실력으로는 분간할 수 없지만 친구는 어릴 때 같이 자란 죽마고우가 지금도 많은 친구 중에서 제일 허물없는 무간無間한 사이라는 것을 체험하면서 생활하고 있다.

나는 학생부장님과 서로 협력하여 악을 쓰면서 부르짖는 그 여학생을 이해시켜 집으로 귀가 조치하여 학생들을 해산시켰다.

조금 후 학생 간부 수십 명을 동원하여 뒷정리를 하고 난 후 다시 교무실로 돌아와서 학생부장님께 '친구라 영원한 친구, 무슨 뜻일까요?' 내 입속말로 뇌까려 보았다.

정말로 순수한 친구로 오래도록 사귀어 우정으로써 다할 것인지 아니면 지금 사귀어 두었다가 때가 되면 결혼하여 부부간으로서의 영원한 친구를 뜻하는 것인지 생각을 거듭해도 판단이 확실히 서지 않아 정신이 흐리다.

만일 부르짖는 그 학생의 뜻이 전자가 아니고 후자라면 그 학생을 불러 알아듣게 이렇게 말하고 싶다. 이 세상 모든 일이란 시기와 장소가 알맞아야 한다고 생각한다. 봄에 따는 과일이 있고 가을에 따는 과일이 있는 것처럼 제 시기에 수확하지 못하면 가치를 잃고 제값을 받을 수 없고 알맞은 시기에 수확하여 거래하게 되면 제값을 받을 수 있다.

우리 인간도 친구를 사귀어야 할 때가 있고 공부를 할 때가 있는 것처럼 그 시기가 사람이든 식물이든 모든 일들이 그러한 이치가 있는 법이라고 말이다.

해마다 열리는 교내학예회에서 학생 개인이 정성껏 제작한 자신의 그림이나 공예품, 만화, 시화 등을 게시하여 타인으로부터 솜씨를 인정받고 칭찬을 받는 것으로 만족하여야 될 것인데 남학생 친구로부터 받은 쪽지가 많이 부착된 것을 좋아하고 우쭐대는 것을 한두 해 본 것이 아니다. 각자 지니고 있는 예술적 소질을 일년 동안 노력하고 연습하여 작품으로 타인에게 뽐내는 기회로 삼아야겠다.

염불은 어디 가고 잿밥에만 정신을 쏟고 있으니 우리 학생들은 개선해야 하지 않겠는가? 마지막날 시화전 코너를 비롯하여 만들기(꾸미기) 구성, 동 · 서양화, 애니메이션, 전체방송 등등 많은 코너마다 타교 학생이 관람하기 위해 꽃 한 송이 들고 들어오면 안내하는 학생의 목소리는 여학생보다 남학생에게 목청이 명랑하고 의기양양하다.

"반갑습니다. 얼렁 오십시오" 하고 학교가 떠날 듯이 이 코너, 저 코너에서 소리를 높여 안내하는 모습은 신이 인간에게 준 이성에 대한 원초적 소리라고 규정하고 싶다.

바라건대 학예전의 본연의 의도에 알맞게 목표에 적합한 연습에 전념하고 차분하고 조용한 분위기에서 미전이 유종의 미를 거둘 수 있게 다같이 노력하고, 부수적인 뜻에 눈독을 들이지 않기를 바라면서 내 전공에 노력하고 또 노력하여 한국의 일류 아니 세계에 일류가 되기를 빌고 빈다.

세 번 째 길

계삼탕의 묘미

학교에서 같이 근무했던 선생님으로부터 점심을 같이하자는 전화가 왔다. 장소는 백야 삼계탕집이었고 정오에 만나기로 했다. 그곳은 마산의 모 여고에 근무할 때 직원들과 몇 번 가본 경험이 있었다. 순간 머리에 깨끗하고 고풍스러웠던 정원, 나무를 타고 올라가던 기둥의 담쟁이 덩굴 그리고 자연의 푸르름을 가득 머금고 있는 정원의 연못과 맑은 물속 금붕어, 제주에서나 볼 수 있는 부석浮石 등 사람의 기분을 좋게 했던 그 장면이 떠올랐다.

시간이 되어 그 삼계탕집으로 갔다. 방으로 들어가려는 찰나 안내하는 아가씨가 조금 기다려 달라고 했다. 방마다 만원이었다. 우리 일행보다 앞서 온 사람들도 손님이 나오기를 기다리며 서서 대기하고 있지 않은가.

나는 고개를 들어 하늘을 쳐다보았다. 지금 철이 삼복더위가 아닌데 이처럼 많은 사람들이 이 집을 선호하는 이유는 무엇일까. 내 오늘 그 이유를 찾아내 보마 하고 눈에 힘을 주어 이리저리 둘러보았다.

차례가 되어 들어가니 방 안쪽에는 옛스러움을 풍기는 병풍이 처져 있어 그림이나 글씨 등이 전체의 분위기와 조화롭게 잘 어우러져서 온화하고 편안한 분위기를 자아내고 있었다.

메뉴에 계삼탕이라고 적혀 있어서 주인에게 삼계탕과 계삼탕 중 어느 것이 맞는 표현인지 물어보니 단연코 계삼탕이 맞다고 힘주어 말하지 않은가. 내가 생각하기에도 계삼탕이 삼계탕보다 주체가 닭인 것이 잘 드러나고 한 차원 더 고상하고 품위 있는 말처럼 생각되었다.

일반적으로는 삼계탕이라고 하지 계삼탕이라고 칭하지 않는다. 어느 것이 맞는 이름인지 집에 돌아와 한글대사전을 찾아 보니 계삼탕이라 기록되어 있었다. 한글사전에는 약병아리의 내장을 빼고 삼을 넣어 곤 보약이라고 기재되어 있었다.

계鷄와 삼蔘 어느 것이 먼저인가, 서로 왈가왈부하는 사이 계삼탕鷄蔘湯이 뚝배기에 담겨 보글보글 끓고 있지 않은가. 늘 따라 들어오는 하얀 병에 들어 있는 인삼주 한 잔을 걸치니 그 맛이 일품이었다. 혀 끝으로 정신을 가다듬어 맛을 보니 다른 집에서 먹는 맛과 별다른 차이를 느끼지 못하였다. 얼마 있다가 주인인 사장이 직접 좌석마다 돌아다니면서 반절로 목례를 올리면서 인사를 하지 않은가. 계삼탕을 먹고 있는 고객은 앉아 있고 주인인 남자는 서서 반절로 예절을 드리니 그것도 기분 나쁠 것은 없어 분위기는 더욱 화기도도和氣陶陶하게 흘러가고 있다.

어찌 되었든 겉으로 나타나는 것은 다른 삼계탕집보다 판이하게 다른 것은 찾아볼 수 없었다. 짚신 장사를 하는 두 형제 중 동생이 짚신의 짚 나리미털을 하나하나 제거했더니 그것을 제거하지 않은 형님의 짚신보다 더 잘 팔렸다는 이야기가 있다. 보기에 똑같은 짚신일지라도 동생의 짚신이 더 매끈하게 보여 잘 팔리지 않았나 한다. 이렇듯 눈에 보이지 않는 작은 마음의 차이가 엄청난 결과의 차이를 가져온다는 것을 우리는 깨달을 수 있다.

내가 살고 있는 회원 1동에 약국이 있는데 아침 일찍부터 약을 사러 오는 사람들이 줄을 서서 대기한다. 약국 문만 열면 한시라도 빨리 약을 사려는 환자들이 줄을 이었다. 다른 약국은 한가한데 여기만 왜 그럴까? 무엇 때문에 장사진을 치고 앉아서, 먼 시골에서 일찍 와서 대기하고 기다릴까?

그런 데에는 이유가 있을 것이라 믿었다. 그래서 한 번은 아침 일찍 그들의 대열에 끼어 여러 정황을 살펴보았다. 보통 약국과 다를 바가 없는데 하면서 호기심 어린 눈으로 문이 열리길 기다렸다.

이윽고 약방문이 열려 업무가 시작되었는데 환자의 차례가 되면 약방 원장님이 직접 병원에서 의사가 환자를 보듯이 상담하는 형식으로 진찰하였다. 약방 원장님이 청진기를 차고 직접 짚어 보고 환자와 거리감 없는 대화를 나누었으며 정이 통하는 두터운 손은 약손의 역할을 하고 있는 것이 아니겠는가. 다른 약국들도 병에 알맞은 약을 지어 주겠지만 이 약국은 거기에다 약국장의 정성이 담긴 인정을 덤으로 더 가져가기 때문에 그렇게 많은 환자가 먼 곳에서부터 찾아오는 것 같았다.

과일가게에서 덤으로 주는 인정이나 음식점에서 덤으로 주는 살코기 한 조각에서 묻어나는 정성 어린 마음의 향내가 바로 사람의 마음을 끄는 큰 힘이 아니겠는가. 백야 계삼탕집에서 하얀 병에 덤으로 주는 인삼주와 사장님이 각 방으로 인사하는 친절함, 이것이 바로 삼계탕 아닌 계삼탕 맛에 우러난 것이 아니겠는가. 삼계탕 맛이야 어느 집이든 비슷하지만 덤으로 받은 인간미와 천절함이 바로 그 집의 비결이라 생각된다.

백야 계삼탕집은 본관이 비좁아 옆집을 새로 매입하여 넓혔다. 그래도 역시 손님이 너무 많아 오랜 시간을 기다려야 삼계탕이 아닌 계삼탕을 맛볼 수 있다. 계삼탕의 미묘한 위력은 말로 정확하게 표현할 수 없다.

우리는 사회생활을 꾸려가면서 눈에 보이지 않는 정을 베풀면서 생활하자. 그렇게 베푼 인정미는 다시 자신에게 되돌아와 넉넉하고 훈훈한 삶을 살게 한다.

어찌 지내십니까?

"어찌 지내십니까?"

이 말은 정년 퇴임하여 놀고 계시는 친구분들이 오랜만에 만나 인사로 하는 말이다. 즉 무슨 일을 하면서 소일하고 계시는지 궁금하고 또한 하는 일이 자기 적성에 맞는지 그리고 친구의 생활을 통해 자기 생활이 지루하니 무슨 재미있는 일이 없는지 알고 싶어하는 그런 마음의 표현일 것이다.

판에 박은 듯 늘 같은 일을 되풀이하다 이제 자유의 몸이 되어 시간적 여유가 생겼다. 자신의 생활이 설계하는 대로 진행되기 때문에 재미있을 수도 있지만 어떤 때는 무미건조한 생활로 느껴져 다른 사람의 일상생활을 물어보는 것은 당연한 일이라 생각한다.

내가 모 고등학교 교장으로 재직하고 있을 당시 저명한 분을 학교운영위원장으로 모신 적이 있다. 그분은 오랜 공직생활에서 퇴임한 분으로 비교적 모범적인 생활을 하고 그 지방에서 존경받는 교육계의 선배 되시는 분이었다. 퇴임을 하고 나면 재미있는 일도 있지만 지루하여 쥐어짜는 괴로움도 함께 있으니 오로지 나 자신이 인생을 한층 한층 쌓아서 삶을 만들어가야 한다고 하셨다. 그것은 그분의 경험으로 미리 나에게 귀띔을 해준 것이었다.

그 당시는 내가 퇴임을 하지 않아 그 말을 실감하지 못하였지만 퇴임하여 수년이 흘러간 요즘 그 말이 구구절절 맞아떨어지는 것을 알 수 있었다.

삶의 경영에서 자신이 주체가 되어 선택하고 결정하여야 된다고 생각한다. 그렇다. 이 사회에는 많은 일들이 있고 많은 인과관계가 얽혀져 거미줄처럼 복잡한 사회로 구성되어 있지만 거기에는 질서가 있고 도덕이 있고 정감 어린 일들이 수없이 일어나고 있다. 그러나 그 많은 일 중에서 자신에게 맞는 일을 선택해야 되지 않겠는가 하는 자문도 해 본다.

내 이웃에 역시 정년 퇴임한 교장 선생님이 계시는데, "요새 어찌 지내십니까?" 하고 인사를 하면 즐겁다는 것이다. "무엇이 그렇게 교장 선생님을 즐겁게 합니까?" 하고 물어 보니 교회에서 불우 학생들을 돕는 활동으로 그들의 생활비며 자질구레한 작은 일까지 직접 돌보아 준다는 이야기였다. 구김살 없이 좋아하고, 천진난만한 그들의 행동을 보면 볼수록 귀엽게 자라주어서 마냥 즐겁다는 것이었다. 교장 선생님께서 이야기하시는 모습이나 얼굴 표정을 보면 그 일에 정신없이 푹 빠져 있다고 느껴졌다.

이 세상에 정년 퇴임한 분들이 얼마나 되는지는 잘 모르지만 그 숫자가 엄청나게 많을 것이다. 그분들은 제2의 인생이 시작된다고 말할 수 있다. 한 개인의 삶이란 그 자신만으로 그치는 것이 아니라 관계된 집안이나 사회에 거듭 영향을 끼치게 된다. 나쁜 영향보다는 오래가고 좋은 영향으로 남기도록 노력해야 되지 않을까 하는 생각도 하여 본다.

마침 현재 나의 모교인 지정초등학교 총동창회장을 하고 있는 ○○이 차기 총동창회장으로 수고를 해줄 수 없느냐고 제의해 왔다. 한번 생각해 보겠다고 하고 다시 거론이 없었는데, 생각해 본다는 것을 승낙한 것으로 보고 총회에 임원 개선이 되었다.

고향이란 언제나 찾아들고 언제나 이상향으로 그려보는 잊지 못할 곳이기에 더욱 그립고 어려운 곳이기도 하다. 이곳 초등학교는 교생 실습을 하고 교사로서 발령을 받아 근무하기도 한 곳이기에 더욱 애착이 남다른 곳이다. 그래서 조심스러움을 감내하면서 동창회를 결집하는데 일익을 담당하기로 결심했다.

시작이 반이라고 했거늘 오늘의 결심이 중요한 의미를 지니고 있기에 6 · 25전쟁으로 학적부가 불에 타 전무한 상태인 명부 작성으로 가닥을 잡고 이 일을 기별로 작성을 다하였다. 선배님들께서는 대략적인 작성을 기초로 하여 원로 선배님들의 도움을 얻어 기별 작성을 계기로 명부 작성은 가속화가 붙게 되었다. 한 사람의 수고로 여러 사람을 편리하게 한다는 것이 얼마나 좋은 일인지 느끼며 이 일을 위하여 봉사하여야겠다고 다짐해 보았다.

하루는 자문을 얻고자 수박을 사서 원로 선생님 댁을 방문했으나 부재중이셨다. 허탕을 치고 나오는데 일본에 사시다가 한국에 일시 귀국한 4회 선배님을 마주쳐 예상외로 좋은 자료를 얻었다. 전쟁에서 천군만마를 얻은 것 같은 기분이었다.

"두드려라, 열릴 것이다"라는 말이 실감났다. 이런저런 우여곡절 끝에 간사인 강준기와 총무인 이익근 군 그리고 전 면장 정호진 친구와 함께 협력하여 교정도 보고 이것저것 보충하여 지정초등학교 총동창회 명부가 드디어 완성되었다.

명부를 발간해 세상에 내놓게 되니 그 기쁨이란 말로 형용할 수 없고 이 책이 우리 지정초등학교의 화합과 단결력을 결속하는데 도움이 되었으면 얼마나 좋겠는가 생각하기도 했다. 푸른 하늘에 훌러가는 저 구름 바라보면서 혼자 미소를 지어 보기도 하였다.

생활하다가 한가하고 외로울 때면 이 명부를 통해 젊은 날의 즐거운 이야기도 하고 친구와 친구의 사이를 연결해 주는 거멀못 역할이 되었으면 좋겠다.

이런 유사한 일로 모임이 여러 개 있는데 그 모임 중에는 책임을 맡고 있는 자리도 있다. 오늘은 이 일, 내일은 저 일, 또 어떤 때는 친구와 점심 먹기, 집안 화수계 본부일로 서울에서 대구로 고향 시골로, 서예 연습, 바둑 등 하루하루의 계획을 그날 기록 난에 빼곡히 기재한다. 그리하여 실수하지 않으면서 계획대로 잘 실천하려고 기를 쓰고 있다.

선배님들께서 귀띔하여 주신 그 말씀들을 실천에 옮기려고 애를 쓰며 그 길로 나아갈 것을 다짐하기도 한다. 옛말에 어른들 이야기를 들으면 자다가도 떡이 생긴다더니 하루가 즐겁게 지나가니 선배님들의 이야기를 들을지어다.

세번째 길

복 많이 받으세요

새해 첫날 첫인사 "올해 복 많이 받으세요."하고 인사하는 사람이 많다. 이 사람도 저 사람도 가장 많이 쓰는 인사말이다. 또한 공공기관이나 여느 단체에서도 플래카드에 이 말을 게시하여 새해 인사를 하기도 한다.

이렇게 많은 사람들의 인구人口에 회자膾炙되니 인사말로서는 생경한 기분이 나지 않는다. 복福이란 도대체 어떤 것인가? 복福이란 편안하고 만족한 상태와 그에 따른 기쁨이다. 또한 좋은 운수로 얻게 되는 기회나 몫을 말하는 것으로 막복어소사莫福於少事라 하여 《채근담菜根譚》에서 심중心中에 어렵지 않은 것이 최상의 행복이라고 했다.

내 일찍이 정월 초하룻날 새벽에 잠이 일찍 깨어 해돋이를 맞이하기 위해 우리 마을 옆에 있는 봉화산으로 올라갔다. 새날이 채 밝지 않아 조심조심 산으로 오르니 나보다 앞서는 사람도 있고 뒤처지는 사람도 있었다. 그래도 앞을 바라보고 계속해서 산에 오르니 숨이 차서 조금 쉬었다가 다시 오르고 하여 그것을 몇 번이나 되풀이하니 겨울 봉수대가 있는 봉화산 정상에 올랐다.

먼저 온 해맞이꾼들과 어울려 해가 제일 먼저 잘 보일 듯 싶은 곳에 자리하여 시계를 봐가면서 기다렸다. 다른 해맞이꾼들도 해를 먼저 보려고 돌을 하나 더 포개고 발돋움을 해가면서 안간힘을 다하고 있었다. 오늘 이 시간에 그 많은 사람들이 해맞이를 하려고 저마다 자신의 나름대로 알맞은 곳으로 가서 나와 똑같은 마음을 갖고 해맞이를 할 것이라고 생각했다.

모두가 복 많이 받고 건강하고 하는 일이 잘되길 빌지 않겠는가라고 마음속으로 짐작해 보았다. 이 세상의 모든 사람들이 복을 받고 건강을 빌고 소원성취를 이루기 위해 빌고 있는데 그 모든 것이 빈다고 다 이루어지는 것은 아니다. 모든 것이 이루어지려면 제일 중요한 핵심은 바로 마음속에 있다고 단정한다.

송나라 말의 시인 소동파蘇東坡의 '안분이양복安分以養福'이라 했다. 자기 분수에 만족하고 복福과 덕德을 양성養成한다고 하였으며 '일일청한一日淸閑 일일복一日福'이라 하여 한정閒靜한 일일一日이야말로 더 없는 행복이라 할 수 있다고 말하였다.

그렇다. 우리는 하루하루를 살아가면서 하루 중 단 몇 분이라도 침잠沈潛의 경지에 이르면 어떤 일을 선택하고 결정할 때 옳고 바른 선택을 할 수 있지 않나 한다. 침잠은 인간살이를 하면서 때로는 올바른 결정을 하게 하는 좋은 방법이라 생각한다.

조용한 환경에서 외부의 모든 일에 영향을 끊고 정正과 용기로 나아가 어떤 일을 선택한다면 복이 올 것이라 확신한다. 옛말에도 소문만복래笑門萬福來란 말이 있다. 이 세상을 긍정적으로 보고 자신이 창조한 복을 웃으면서 누리면 그것이 바로 복이 아니겠는가?

복이란 다른 사람이 가져다 주는 것이 아니고 자신이 쟁취해서 얻는 것이 참다운 복인 줄 안다. 우리는 정초에 '복 많이 받으세요' 하고 인사하는 것은 복이란 어떤 것이고 어떻게 하면 각자에게 알맞은 복이 올 수 있을까라는 것을 마음에 한번 새겨 보라는 뜻이라 생각한다. 그렇게 하면 자신이 올 한해 진정한 참다운 복을 누릴 수 있을 것이다.

수요일, 〈아침마당〉 '그 사람이 보고 싶다'에서 어릴 때 차를 잘못 타는 바람에 길을 잃고 긴 세월 동안 부모를 찾지 못한 채 혼자 고아원 생활을 한 청년이 나왔다. 이 청년은 늘 웃음을 잃지 않는 밝은 얼굴이었는데 항상 긍정적으로 살아온 것이 바로 표정에 나타나 있었다. 진행을 맡은 아나운서도 어떻게 하면 그리 밝고 명랑한 표정이 될 수 있는 것인지 말해 달라고 했다. 그 청년은 말없이 웃음으로 대신했다.

부모의 사랑 속에서 자라다가 차를 잘못 타는 바람에 부모의 곁을 떠나 홀로 고아원으로 들어갈 때의 마음이 오죽하였을까? 눈앞이 캄캄하지 않았겠는가! 그러나 어릴 때 누군가의 영향이었는지 아니면 살아가면서 스스로 깨달았는지 몰라도 현실을 긍정적으로 잘살았다는 것은 분명했다. 부모를 찾기 위해 TV에 나온 이상 시청자는 물론이고 그 청년의 부모 또한 밝고 환하게 웃는 얼굴을 더 좋아할 것이 아닌가!

우리는 정초에 '복 많이 받으세요' 라고 하는 인사말이 한해 동안 심중이 어렵지 않고 자기 분수에 만족하고 청한淸閑한 마음으로 곧은 일을 선택하고 생활하라는 덕담인 줄 알고 또 그렇게 생활한다면 복은 저절로 자신에게 돌아올 것이라고 믿는다. 즉 수복무강壽福無疆이로소이다.

세
번
째

길

남북공동문화예술단 공연

날이 밝았다. 인파가 몰려온다. 그야말로 인산인해다.

남북공동문화예술 행사장인 대구 달서구 두류공원 야구장! 시작 한 시간 전에 만여 명의 인파가 몰려 정문으로는 다닐 수 없고 뒷문으로 겨우 다닐 정도였다고 하니 우리 국민의 관심도를 짐작하고도 남는다. 이런 열띤 관심은 우리 형제 자매가 얼마만큼 절실히 서로 만나기를 갈구하고 있는지를 알 수 있게 했다.

U대회 개막 전부터 인공기 소각으로 북의 여객기를 보낼 수 없다

는 취소 통보로 우리를 긴장의 도가니에 빠뜨리더니 이 때문에 우리 국민의 관심은 더욱 고조되었다. 오늘 남북예술 공연은 더더욱 인파가 몰려들기 마련이고 또한 우리는 하나고 민족도 하나고 핏줄도 하나이기에 더욱 만나고 싶다.

사실 이 대회는 세계 청년들이 만나서 하는 지구의 축제인데 그 의미는 축소 퇴색되어 국민의 관심사는 대회 자체보다 북한 선수들과 미녀 응원단의 행동에 더 많은 관심을 가지게 되었다.

이들의 공연은 〈휘파람〉으로 시작했다. 〈휘파람〉을 연주하는 취주악단 화음이 잘 맞아 우리 민족이 하나임을 강조했고 〈북악산의 노래〉는 그 리듬에 따라 온몸이 박자에 맞춰 훌쩍훌쩍 뛰면서 온몸 율동이 우리 모두의 정신을 홀리게 하는 동중동動中動의 동작이었다.

그들의 〈북악산의 노래〉, 〈통일 아리랑〉, 〈통일 무지개〉 등 리듬은 우리 고유의 리듬이요, 온몸에서 터져나오는 저 소리가 바로 우리들이 토해내는 심장의 박동이요, 절규가 아니겠는가! 〈통일 무지개〉를 손풍금으로 연주하는 조금란은 아주 앳된 소녀로 어찌 그리도 신들린 사람처럼 음반 위로 놀리는 손놀림이 완숙했는지 정말 도에 지나칠 정도였다.

연주가 끝나자 야구장에 모인 일만여 관중이 일제히 토해내는 박수 소리는 정말 그 자체가 감동적이었다. 이어 〈웃음꽃이 만발하였네〉 오중주도 몰아의 경지에서 관람하였다. 젊은 무희 최은주는 평양무용대학 3학년으로 동작 하나하나가 강强에서 강强으로 또 강으로 휘몰아치는 곡선미는 보통 춤꾼들이 추는 것과 차원이 달랐다. 곡선미를 그리는 동작은 장엄하달까 경건하달까 숨을 죽이면서 쥐어짜다가 확 풀어놓는 동작은 인간으로서 발휘할 수 있는 모든 것을 다 표현한 것 같았다.

끝나면 다시 시작하고 끝나면 다시 시작하는 그 주제는 〈옹헤야〉, 〈노들강변〉, 〈고향의 봄〉, 〈백두와 한라는 내 조국이어라〉 등 애끓는 공연은 함께하는 우리 모두의 눈시울을 붉게 하였다.

해 솟은 백두산은 내 조국입니다.
제주도 한라도 내 조국입니다.
백두와 한라가 손잡으면
삼천 리 하나 되는 통일이여 오라
아, 통일이여라
아, 통일이여라 통일이여 오라
슬기로운 한겨레 한겨레에
그리움을 안고 사는 한족입니다
남북 함께 정을 나누면
우리 조국 이룬다

공연장은 남북이 하나 되는 분위기로 승화되고 끝으로 연주하는 가사 내용이 석별의 정을 나누는 주제로 표현되어 있다.

백두에서 한라로 우린 한 겨레
헤어져서 얼마나 눈물 또한 몇 해였던가
잘 있어라 다시 만나요
잘 있어라 다시 만나요
목메어 소리칩니다
안녕히
다시 만나요

분위기는 환상적으로 끝났다. 손을 흔들면서 발표한 무대를 뒤로 하고 떠나는 그들을 생각하니 왜 그렇게도 측은한 마음이 들까? 김해공항에서 내리면서 입국할 때 환하게 웃는 그들이 우리 국민을 대할 때는 순진무구한 앳된 소녀로 보였다. 그들이 경기장마다 다니면서 딱딱이 부채꽃 모양의 핸드마이크를 들고 원숙한 응원 솜씨로 멋지게 응원하는 모습은 경지장을 완전히 휘어잡지 않았는가. 그들의 인기는 대단했고 그들의 리더 격인 김현희는 팬클럽까지 생겨서 사진과 함께 '현희 씨 사랑합니다' 라는 현수막까지 내걸었다고 보도되었다.

그렇다. 그들의 나이에는 어디를 가나 정서적으로 풍부한 인생의 황금시대이다. 그들이 잘 자라 이 나라 주역이 될 때 우리는 통일이 되어 삼천리 방방곡곡에 아니 북한 땅의 골골마다 격양가 높이 부르는 태평성대가 되었으면 좋겠다.

그러나 그들이 양궁 응원을 마치고 숙소로 돌아오다 김정일 국방위원장의 사진이 담긴 환영 플래카드가 빗속에 방치돼 있다며 현수막을 철거해 우리 측을 당혹스럽게 한 행위는 세계 기자들도 고개를 절래절래 흔들며 이해할 수 없었다고 한다. 그들은 정치적 물이 깊이 들어 있는 빨간색 그대로였다는 것이다. 해맑은 얼굴에 참하게 차려입은 그들의 환한 그 모습이 겉과 속이 다르니 정말로 아쉬운 생각이 떠오른다.

그들은 북한으로 가서 지금 무엇을 하고 있을까 궁금하다.

세 번째 길

청남대로 모시겠습니다

청남대를 관람하기 위해 아침 일찍 단장한 채 시원한 가을 공기를 마시면서 집을 나섰다. 동중 입구에서 덕희와 함께 순기 차(車)에 몸을 싣고 합성동 시외터미널에서 진 사장과 두식이가 합류하여 곧장 동마산 IC를 지나 미끄러지듯 남해고속도로를 통과해 대진고속도로에 접어들었다.

지나는 골골마다 사연이 담뿍 지닌 이 땅의 가을 풍경을 만끽하면서 알맞게 익어가는 단풍은 오색이 함께 조화롭게 어우러져서 아름다운 금수강산을 이뤘다. 차창 밖으로 빠르게 지나가는 세월의 흐름 따라 저 자동차는 무슨 일로 저리도 급하게 지나가는지 정말로 쏜살같이 달려간다. 좁은 공간에 유리창을 사이에 두고 씽씽 달리는 살인적인 무기로 돌변한 추돌차를 옆에서 바라보면서 그대로 그 사이를 가야 하는 나 자신이 안타깝다.

만상의 회포를 느끼면서 달려간 곳이 충북 청원군 문의면 관광안내소! 그곳에 도착하니 좁은 공간에서 사람들은 저마다 먼저 타고 먼저 보기 위해 안간힘을 쓴다. 먼저 줄을 서려고 아귀다툼을 하면서 많은 사람들로 장사진을 이루고 있었다.

하루에 일만 명 내지 삼천여 명이 관광을 온다는 이곳 문의면 안내소! 퇴임한 노 해병 몇 명이 질서를 잡아 보려 하지만 어수선한 것은 마찬가지였다.

멸치배가 항구에 이제 막 닿은 것 같다. 입장료 5000원과 셔틀버스 왕복료 2000원을 서로 내어 빨리 표를 타기 위해 혈안이 되고 또한 셔틀버스에 일찍 타기 위해 온갖 기지를 다 발휘하고 있다.

아늑하고 호젓한 대통령 별장을 보기 위해 기대감과 호기심을 갖고 열두 굽이 구절양장인 양 곡선진 좁은 길을 따라 굽이굽이 따라 들어가니 드디어 청남대靑南臺에 도착했다.

이곳은 임금 왕王자 모양의 지형과 아홉 마리의 용의 전설로 좌청룡 우백호의 지세로 천하 명당이라고 한다. 원효대사는 일찍이 이곳은 임금이 머무는 나라의 중심이 될 것이라 예언했다고 한다. 관리소에 도착하니 1983년 전두환 대통령이 착공을 지시하여 12월 준공되었다고 한다. 처음 영춘제迎春濟에서 지금의 청남대로 20여 년의 긴 세월 따라 다섯 분의 임금님이 휴양지로 이용했고 지금도 이용하고 있는 중이라고 가이드는 설명했다.

산책 코스 따라 길목마다 예쁜 아가씨의 지시대로 걸어가니 마사흙으로 단장된 오솔길이 시작되었다. 시작 들머리 있는 집이라 그늘 집이란 곳에서 남쪽을 바라보니 시원스럽게 하늘이 넓게 열려 있었다. 대청호의 맑은 물에 알맞게 둘러친 산세들이 아득하게 점점이 조화를 이루었다.

눈앞을 바라보니 한계선을 표시하는 둥근 부레들이 줄을 지어 임무수행을 한답시고 버티고 서 있고 포구에 닿아 있는 작은 배 옆에서 한가하게 노니는 오리 떼가 목을 빼어 무엇인가 지나가는 나그네들에게 스쳐간 옛일들을 고축하고 있는 듯했다. 그러나 우매한 나그네는 그 지저귐이 무엇을 말함인지 알 길이 없었다.

밀려오는 행렬 따라 무심코 거닐다가 길 옆 온갖 산풀에게 물어보고 싶었다. 이 길로 온갖 정치인이 오가면서 무슨 말을 하였을 텐데 대체 어떤 말과 생각을 들었는지 궁금하여 거닐면서 자세히 산풀들을 바라보았다.

굽이굽이 돌고 돌아 닿은 곳이 초가정! 이 초가정에서 김대중 대통령이 사색을 즐겼다는 안내자의 이야기를 듣고 어떤 사색을 하였을까 궁금도 하였다. 초가정에서 지나갔던 길을 다시 돌아오면서 만 가지 회포가 엄습掩襲해 오는 이유는 무엇일까?

대형버스와 승용차를 이용하여 호기심 어린 눈으로 지팡이를 짚고 휠체어까지 타면서 줄줄이 줄을 지어 걷고 있는 저 행렬은 무엇을 찾고 바라고 있는지 대충은 알 것 같다.

돌탑에 도착하니 많은 사람들이 한 개의 돌을 모아 개방기념으로 탑을 이루었다는 저 탑이 어진 민의를 대변하는 것 같아 답답한 마음이 후련했다.

물결 따라 흘러가는 파도 따라 본관에 도착하니 대통령 집무실, 침실, 거실을 두루 거쳐 호기심 어린 눈으로 바라보면서 정치를 정치답게 집행해 주시옵기를 바라는 민의일 거라는 확신을 얻었다.

정치란 바르게 만들어 놓은 법을 이용하여 회초리를 들고 물 흐르듯 순리대로 일을 처리하여 만백성을 기쁘게 하여 달라는 저 무언의 아우성을 그 시대의 대통령은 듣지 못하였는지 아니면 듣고도 못 들은 체하는지 안타까운 심정뿐이다.

밀려오는 행렬에 떠밀려 하나 남은 양어장을 구경하려다 피곤하여 길 따라 흘러나오면서 잠시 돌탑 옆에 다시 서서 돌탑을 바라보았다. 청남대 개방기념탑이라 초등학교에 재학하고 있는 아동이 쓴 글이 있었다.

'여러 사람의 뜻을 모아 이렇게 가지런히 화합하면 무엇이든지 이루어진다.' 라는 진리를 꼭 깨달을 수 있을 것이라 확신한다.

충청북도에서 제작한 팸플릿에서는 여름휴가나 설 휴가를 비롯하여 매년 4~5회, 많게는 7~8회를 대통령이 이용한다고 했다.

아늑하고 호젓한 대통령 별장인 이곳에 오면 세상의 권력과 금력을 멀리하고 침잠의 경지에 들어가 인간 본성의 뜻을 깨닫게 하소서. 저 돌탑을 바라보면서 초등학생과 같은 순수한 마음으로 질서와 법에 따라 차곡차곡 모양새 있게 쌓아 올리게 하소서. 하나의 보잘것없는 돌이지만 돌 이상의 생명체를 갖고 있는 형체를 이루게 하소서.

네 번 째 길

달아 달아 밝은 달아

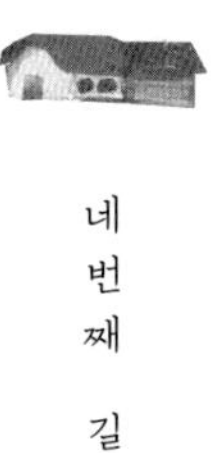

친절한 기사

친절은 돈이 들지 않는 자원이다. 친절을 베풀면 상대방의 기분이 상쾌하고 즐겁다. 항상 상대방에게 친절을 베풀어야지 하면서도 실천에 잘 옮기지 못하고 있는 것은 친절에 대한 생활 습관이 몸에 배어 있지 않기 때문이리라.

교단에 서서 학생들에게 늘 가르친다. 인사도 잘하고 친구 사이에도 친절한 학생이라는 평을 상대방에게 받을 수 있을 만큼 늘 친절한 학생이 되어야 한다고 강조한다.

그러면 나는 과연 학생들에게 선생으로서 늘 친절함을 갖고 있는가? 객관적으로 평을 한다면 그 물음에 대한 답은 '아니다'이다. 한 가장으로서 아이들의 부모로서 복고적인 관습에 얽매여 권위주의 타성에 흠뻑 젖어 있는 고리타분한 부모인 것 같다.

며칠 전 TV를 보니 황달연이라는 사람이 나왔다. 그는 시골 노선의 정기여객버스를 운전하시는 기사분인데 그 정기 노선의 탑승객과는 마치 한 식구처럼 지내고 있었다. 열 명의 손님이 승강장에 오르면 열 번의 인사를 다 한다는 그 기사는 친절 그 자체였다. 더구나 연세가 많은 분이 승차하면 차내 방송을 통해 "어르신이 타시네요. 어디 마음씨 고운 분이 양보하여 주실 수 있겠습니까?"하고 방송을 한단다. 그러면 그중 앉아 있는 분이 얼른 일어나 자리를 양보하니, 양보하는 분도 좋고 양보받은 승객도 좋다. 이리하여 버스 안의 분위기는 훈훈함으로 가득 차서 즐거운 여행을 할 수 있는 것이었다.

황달연 씨는 버스 안을 움직이는 휴게실로 만들어 김소월, 윤동주, 서정주 등 한국의 유명시詩를 버스 안에 게시해 놓고 시를 감상할 수 있게 하고 때로는 카세트에 많은 사람들이 좋아하는 경음악을 녹음하여 들려줌으로써 승객을 즐겁고 유익하게 했다는 것이 인상적이었다. 이는 남들이 전혀 생각 못한 창조적 변화를 시도한 것인데 우리는 이 친절 기사님의 고객에 대한 깜찍한 발상에 찬사를 보내지 않을 수 없다.

우리의 뇌리에는 시골 정기여객버스 하면 차장 아가씨가 비좁은 여객들 사이로 간신히 나아가면서 차표를 검사하고 또 손님을 불친절하게 대하는 기사들이 손님을 짐짝처럼 취급하여 차가 빨리 가다 갑자기 정차하면 뒤로 전체가 밀려서 안에서 뒤엉키던 좋지 않은 기억을 연상할 때가 있다. 그러나 여기에 소개된 황 기사님은 그것을 완전히 환골탈태하여 옛날과 비교되지 않을 만큼 많은 변화를 가져온 기사인데 우리에게 시사하는 바가 참 크다고 생각한다.

나는 삼성의 회장인 이건희 씨의《초일류만이 살아남는다》라는 글을 읽은 적이 있다. 어느 대목에 보면 '나부터 변해야 한다' 라는 소제목에서 그 주요사항을 요약해 보면

첫째, 아무리 쉬운 일이라도 행동으로 옮겨 생활화해야 하고

둘째, 자신과의 약속을 지켜 의지력을 길러 자기를 극복할 수 있어야 하므로 자신부터 변해야 한다고 강조하셨다.

그렇다. 아무리 좋은 방안의 경영이라 할지라도 현실과 맞지 않는 경우가 생기는 법이다. 이를 극복하기 위해서는 현실에 또는 현장에 밀착하여 충분히 검토한 후에 그에 적합한 경영을 할 때만이 성공할 수 있다고 생각한다.

매스컴 보도에 차 안에서 기사님을 폭행하고 행패를 부리는 그들의 나쁨은 두말할 필요도 없지만 황 기사님과 같이 시골의 인적 물적 사정에 알맞은 환경과 창조적 정기여객버스 운영은 우리가 살아

가는데 많은 해결책을 제공해 주어서 참고가 된다.

비록 업종이 다르고 시공의 차이가 있고 세월이 흐른다 할지라도 원천적 원리는 변하지 않는 것이라 생각한다. 그 원리를 적용하면서 생활하자고 권하고 싶다.

더구나 앞으로의 각오를 묻는 대목에서는 이렇게 말했다.

"환경을 발전시켜 사회에 봉사하는 정신으로 시민 곁으로 다가가 힘이 다하는 그날까지 노력할 것이고 어떤 일을 하는 것이 문제가 아니라 나에게 맡겨진 일을 어떻게 하는 것이 중요하기 때문에 주어진 환경을 애정 어린 마음을 베풀면서 창조적으로 살아갈 것이다."

힘주어 말하는 그의 모습을 생각하면서 나까지 마음이 밝아졌다.

네
번
째
길

적반하장賊反荷杖인 사람들

- 죄짓고 못 산다
- 죗값을 치른다
- 도둑이 제 발 저린다
- 꼬부랑 자지 제 발등에 오줌 눈다

이는 죄를 지은 사람이 양심에 가책呵責을 받아 보편적이고 정상적인 생활을 하지 못한다는 뜻의 말이다. 언제나 안절부절하며 대인관계도 불안과 의심으로 제대로 해 나가지 못하며, 결국 죗값은 자신에게 돌아온다는 말이다. 그러므로 자신의 발자국 소리를 경찰관 발자국 소리로 오인하여 가만히 있는 자신의 다리마저 저리다고 느끼는 경우가 아닐까?

오늘 나는 집안 총회에 참석했다. 감사 보고를 하고 난 후 질의응답이 계속되고 있다. 어떤 회원의 질문에 감사가 "회장님에게 문의해 보면 그 까닭을 알 것이다."라는 말씀만 남기고 답을 회피하는 바람에 의심이 꼬리에 꼬리를 물고 일어나고 회의장은 긴장이 고조되었다.

그런데 회장의 반응은 더 이해하기가 어렵다. 이 항목은 본의 아니게 정당한 지출이 되지 않아 시정하겠다는 둥, 이렇게 한 것은 옛날 회원들이 보고한 것보다는 철저하다는 둥, 이렇게 공세를 취하면 오늘 회의는 끝이라는 둥, 나도 여러 가지 증거 서류를 갖고 있으니 감사 보고와 결산에 대한 승인을 원안대로 통과시키자는 등 강경한 태도를 보인다. 회장 자신이 책임을 다하지 못했으니 회원들의 양해를 구해야 할 텐데 오히려 큰소리로 화를 내니 가히 적반하장이다.

세속의 이기심에 물들어 양심이 빛바랜 것인가? 더구나 이 모임은 일반친목계가 아니라 뜻있는 모임으로 회원 상호간의 끈끈한 신뢰가 바탕이 되어 그 응집력으로 모인 단체인데 그 믿음을 다치게 했으니 안타까운 마음 금할 길이 없다.

우리 사회는 혼자가 아니라 여럿이 모여 살아간다. 그리고 다양한 사람들끼리 유대를 나누고 유대가 깊어지면 모임을 만들어 많은 생각과 일들을 공유해 간다. 이러한 모임에는 인간 상호간의 각종 인연들로 엮어진 인륜 모임과 핏줄을 통해 하늘이 정해 준 천륜의 모임이 있다.

인륜의 모임은 그 모임의 유대가 약해지면 해체되어 사라지지만 한 핏줄로 모인 천륜의 모임은 대를 이어 끊이지 않을 모임이 아닌가. 이런 뜻깊고 신성한 모임이 누군가의 실수나 부주의로 인해 긴장의 장이 되고 그 의미가 망각되어야 하겠는가.

앞사람이 잘못 운영했니, 내가 한 것은 옛날에 비하면 잘한 것이라느니, 하는 것은 거짓말하는 일부 정치인들의 처사와 다를 바가 없다고 생각한다. 남의 잘못은 지적하고 부각시켜 죄의식을 느끼게 하면서 정작 자신의 잘못은 인정하지 않고 작은 실수로 치부해 버리는 작태를 우리 모임에서 답습하지 않았으면 한다.

이 세상을 살아가면서 자기 자신에게 엄격하고 남에게는 너그러운 성품을 가지면 안될까? 이 모임은 그 뜻도 아주 넓고 깊지만 그 중에서도 천선闡先, 돈목敦睦, 계후啓侯가 철저히 융화되어 상호 연결고리가 두껍게 이어져 있다. 여기 모인 회원 전체가 웃어른의 업적을 잇고 세속의 흐름 속에서도 수신제가修身齊家라는 모임의 본래

뜻과 회원 상호 친목을 더욱 강화하는 일이야말로 우리 후손들의 일이다.

그러기 위해서는 무엇보다 지금과 같은 불신은 없어야 한다. 더욱이 자신의 경리 비리를 은폐하기 위해 파벌 가름을 조성하고 같은 파끼리 뭉쳐 우리 파에서 회장을 선출해야 한다는 식의 분위기 조성은 금물이다. 갈등의 순기능인 파벌 간의 대립을 자신이 속한 파의 내부 결속을 강화시키는 수단으로 이용하는 그런 사람이 존재해서는 안된다.

고함이 오가며 계속되는 회의를 지켜보는 내 마음은 점점 어둡기만 하다. 바라건대 우리의 뜻있는 모임이 서로 반목 질시하지 않고 중화中和를 이루어 주었으면 좋겠다. 중화를 이루면 천지의 삼라만상森羅萬象이 제자리를 찾는다고 했다. 또한 이 세상의 모든 계층이 제자리에서 자기 책무를 다하면 중화의 경지에 이르게 된다고 생각한다. 아무리 홍진에 묻혀 사는 인간이라 할지라도 모임 본연의 뜻을 되새겨 첫마음으로 돌아와 주길 바란다.

그리하여 우리가 기르는 이 모임의 큰나무에 모임의 뜻을 담은 좋은 꽃이 활짝 피고 충실한 열매가 맺히길 바랄 뿐이다. 아니 더욱 나아가 이 모임에 오면 심신이 한결 평온해지고 맑아지며, 모두가 웃어른들의 업적과 공적에 감화되어 마음을 세척할 수 있는 그런 장소가 되어 주었으면 좋겠다.

참가한 모든 회원이 다같이 가훈을 크게 제창齊唱하는 것도 모임의 뜻을 살려 가정과 직장에 충실한 한편 사회에 모범이 되어서 동료들에게 칭찬받는 사람이 되자는 다짐이라고 알고 있다.

우리는 이 땅에 원원유장源遠流長으로 번성과 영화를 이루어야 하므로 다시는 우리 모임에서 적반하장 격인 행동을 삼가도록 노력하자.

네 번 째 길

청문회를 시청하고

텔레비전을 켜니 총리 후보 임명을 위한 청문회를 하고 있다. 언제부터 했던 것이지 한창 묻고 답하는 열기가 뜨겁다.

원래 청문회라면 묻고 답하는 가운데 상대의 심층구조를 나상裸像처럼 훌훌 벗겨 하나도 남김 없이 드러내는 것으로써, 과연 후보자로 나온 사람이 그 직을 성실히 수행할 수 있을 것인지 미리 파악하는데 그 의의가 있다고 본다.

여야 국회의원들이 둘러앉아 순서에 따라 질문공세를 펴고 있다.

다방면에 여러 질문 공세가 이어진다. 후보자의 병역문제와 이전 관직에 근무할 때의 국가 위기 대처 능력 등을 파악하기 위한 질문과 비판이 이어진다.

모 국회의원은 10 · 26사태와 5 · 18의거 전날, 6 · 10항쟁 등 국가 위기 상황에서 불분명한 행정을 편 데 대해 후보자를 향해 기회주의자, 난세에 숨는 보신주의자, 직무 유기 등의 비판과 함께 질문공세를 강화한다. 비서관이나 장차관들이 대통령과 같이 진퇴를 함께 했다면 좋았을 것을 그렇게 하지 못한 데 관해 서운한 감정을 감추지 못하는 듯하다.

또 국가 위기 때 같이 근무한 비서관들이 퇴임한 후 친목 도모를 위해 결성한 모임에 참여하지 않은 데 대해서는 인간적 도리가 부족하고 권력지향적인 인간이라고 질타한다. 시청하는 국민에게 후보자의 인성에 석연찮은 생각을 품게 하는 대목이었다. 그리고 소신에 따라 군정과 국보위에 참여할 수 없다고 사표를 제출한 일, 6 · 10항쟁 때 내무부 장관으로서 그들의 실체를 불순세력 즉 반정부 세력이라 규정하더니 오늘에 이르러서는 "6 · 10항쟁이 역사적 의미가 있다."고 답변해 말의 앞뒤가 맞지 않은 보신주의자가 아닌가 생각되기도 한다. 더욱이 그때는 주무 내무장관으로 법질서를 강조하지 않을 수 없는 환경이었고, 지금은 정치적으로나 역사적으로 전환기라 인식이 달라졌음을 열변한다. '권력의 양지에서 몸조심하여 살아온 생활의 달인이라 저렇게 다르구나!' 하는 생각이 새삼 들고 꼭 사회생활을 저렇게 해야 하나 의문도 든다.

어떤 의원님은 후보자의 병역문제에 집중 질문공세를 펼쳐 보인다. 총리 후보 본인 및 아들 그의 가족 중 한 명도 병역을 정규적으로 필한 사람이 없는 것이다. 후보자는 갑종 판결을 받은 대졸의 1월생으로 입영 제1순위인데도 징병 영장이 나오지 않아서 군 입대를 못했다고 한다. 자신은 병역기피자가 아니므로 공무원으로 재직할 수 있다고 당당해 한다. 일반 사람으로는 도저히 납득이 가지 않는다. 와락 야릇한 감정이 북받쳐오르는 것을 억제할 수 없다.

후보자의 형과 두 아들 역시 군 생활 근무 개월수가 정상적인 군인 1명의 근무연한보다 더 적다. 어떻게 후보자의 가족 건강은 모두 부실하고 서민의 아들들만 건강이 좋으냐고 질의하는 한 의원님. 그는 매우 한탄스러운 일이라고 꼬집으며 말을 맺었다.

총리 후보자는 역대 정권에 필요한 인재로 장관, 비서관, 서울시장 등 양지에서 양지로 자타가 인정하는 훌륭한 재상으로 추앙받는 인사인 줄 알았는데 막상 청문회 과정에서 드러나는 사실들에 그저 실망스러울 뿐이다.

정치政治는 정사 정政과 다스릴 치治로 이루어진 글자로 지도자가 회초리를 들어서 백성들을 바르게 이끌고 늘 백성에게 피해가 없도록 다스려 백성을 이롭게 한다는 뜻으로 알고 있다. 모든 일을 이끄는 자는 매사에 바른 자(尺)를 가지고 정正으로 인도해 나가고 옳은 일은 실행하되 그른 일은 그 누가 강요해도 따르지 않은 원리를 갈파喝破하여야 하는 것이다.

옛글에 인仁은 인심야人心也요, 의義는 인로야人路也라. 사람의 본심은 인이요, 의는 사람이 당연히 가야 하는 길이라, 기신基身이 부정不正이면 수령誰令이나 부종不從이라 하였다. 그렇기 때문에 지도자가 바르게 행동하면 명령하지 않아도 행하고 정의롭지 못하면 비록 명령하나 따르지 않는다고 한 것이다.

조선의 이순신 장군께서는 《난중일기》 속에 정유재란丁酉災亂 중 백성들의 생활상을 자세히 그려놓았다. 백성들의 비참한 생활에 대한 울분과 전쟁 중인 나라에 대한 걱정에 그의 기록은 애끓는 내용으로 비통하다. 피가 끓고 미움과 사랑이 교차하며 우국憂國과 분노가 뒤섞인 일기는 한편으로는 그의 나라 사랑하는 마음과 인간상을 솔직하게 드러낸 기록이기도 하다. 우리가 오늘날 장군을 존경하며 그를 기리는 것도 그의 인간됨과 행동의 솔직함 때문이 아닌가 하는 생각이 든다.

오늘날 정치인들이 성웅 이순신 장군 같은 위대한 지도자가 되지 못할망정 최소한 국민을 바른길로 이끄는 정치인이 되어 주기를 간절히 갈망할 뿐이다. 콩으로 메주를 쑤었다고 말하면 '아, 콩으로 만들었구나!' 하는 믿음이 절로 드는 정치인, 신뢰信賴 즉 신임과 신망을 돈보다 더 귀중한 재산으로 여기는 정치인을 기대하는 것이다.

사람답게, 정치인답게 살기란 힘들겠지만 최소한 그렇게 살려고 노력은 해야 한다. 대쪽이 되지는 못할지라도 나무 질대로 쪼개지는 언행일치의 마음만은 가지고 정치 무대에 서 주기를 바란다. 청문회를 시청하며 그런 인물이 총리에 임명되기를 간절히 바란다.

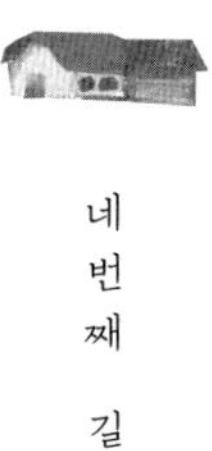

네 번 째 길

대추 경매하는 날

이른 아침 아침밥도 거르고 농산물 경매장이 있는 회성동으로 갔다. 두배로마트 옆에서 시내버스를 타니 자리가 몇 개 남아 있다. 그 중 앞자리에 앉아 차창으로 스쳐가는 길 옆 은행나무 가로수를 바라본다. 세월의 흐름처럼 빠르게 지나간다.

초행길이라 내릴 승강장을 놓치지 않으려고 기를 써서 살펴 겨우 목적지에 도착하였다.

어제저녁에 미리 접수하여 갖다 놓은 대추가 알알이 반가이 맞아

주는 듯하다. 윤기가 자르르 흐르는 가운데 홍조 청조가 어우러져 전등불에 반짝거리는 대추! 어떻게나 반가운지 한줌 쥐고는 "잘 익었구나."하고 중얼거려 본다. 대추 역시 마주 보고 내게 인사를 하는 것만 같다.

이 대추는 정년 퇴임을 하고 난 후 시작한 농사다. 퇴임 전부터 준비하여 온 대추농원에서 봄부터 거름을 주고 풀도 베고 약도 쳐서 길러온 대추를 가을에 수확하여 그중 일부를 어시장 청과조합과 회성동 공판장에 나누어 출하시켜 오늘 아침에 첫 경매를 하는 것이다.

수확을 하면서도 내내 이 대추가 값이 나가는 대추가 되고, 대추가 필요한 사람에게는 사랑받는 대추가 되기를 바라며 바쁘게 손을 움직였다. 물건을 잘 손질하여 충실하고 색깔이 고운 놈과 작고 부실한 놈을 분리하는 작업을 하고, 못한 놈은 조금 못한 대로 좋은 놈은 좋은 대로 대추가 제값에 사고 팔렸으면 하는 마음뿐이었다.

농작물을 기른 주인의 땀이 제값을 받는 올바른 상거래에 대한 바람. 그것은 외국 농산물이 국내산으로 둔갑되어 부정 거래가 이루어지고 우리 농산물마저 외국 것으로 치부되어 사람들에게 멸시받는 대상이 되어서는 안되겠기에 경매를 지켜보는 마음이 밝다고만은 할 수 없었다.

전에도 몇 번 경매 보는 광경과 경매장의 정황을 보기는 하였지만 내가 직접 재배한 대추를 갖고 경매에 임하는 것은 생전처음이라 기분이 묘하기도 했다.

이리저리 경매장 전체를 구경해 보았다. 대추, 밤, 감, 호박, 채소 등 각종 농산물이 형형색색의 자신의 빛깔을 자랑하고 조화를 이루고 있는 광경은 천연색 그대로의 멋자랑 같아 보기가 참 좋았다.

마침내 한 젊은이가 조그만 종을 들고 흔들어 대는 모습이 보이더니 그 종소리에 조용하던 경매장은 활기를 찾고 삽시간에 경매인들이 우루루 모여 앞에는 서고 뒷좌석에는 발돋움을 하고 둘러섰다. 경매사가 몇 번 하고 손을 들어 옆 손가락으로 손을 올려 구부리면서 손끝과 손목을 옆으로 바르르 떨기도 하고 아래로 휙 내리치며 앞에 서 있는 경매자에게 점을 찍는 시늉을 한다. 또 다음 차례대로 일사천리 진행된다. 경매가 시작된 것이다.

나는 옆에서 온 신경을 집중해 그들의 동작을 지켜보았지만 무슨 뜻인지 도통 이해할 수가 없었다. 멍하니 경매진행 상황만 바라보고 있으니 내가 경매에 붙인 다섯 상자의 대추가 훌쩍 순식간에 지나가고 있지 않은가? 조금 지나 어떤 아줌마가 낙찰된 대추를 가져가므로 그 아주머니께 한 상자에 얼마나 낙찰되었는지 물었으나 모른다는 대답뿐이다. 내가 대추를 생산한 사람이라고 밝히니 더욱 입을 다물고 어디론지 총총히 사라질 뿐이다.

나는 참 이상한 세상이 여기에 전개되고 있구나 생각했다. 경매는 그 순간에도 계속 진행되고 경매가를 부르는 사람의 목소리 아래서 상인들은 제각각 낙찰된 농산물을 갖고 이리저리 동서팔방 제 갈 길로 흩어진다. 혼란 속에 질서가 지켜지며 의사충돌 하나 없이 삽시간에 물건이 없어진다.

나는 넋을 잃은 사람 모양 정신없이 그 광경을 보고 있는데 마침 이웃에서 과일 장사를 하는 아줌마가 인사를 한다. 우리 대추가 얼마에 경매되었는지 궁금한 차에 반갑게 인사를 하고 그녀에게 부탁을 하니 아주 좋은 값으로 결정되었다고 한다. 그 순간 마법에 걸린 사람 모양으로 불안하고 의아했던 마음이 사라지고 신기함이 확실함, 자신감, 보람이 넘치는 그 무엇으로 바뀌었다.

이웃 아줌마의 도움으로 사무실에 가 돈을 찾았다. 무엇보다 내가 출하한 대추가 좋은 값으로 경매가에 붙여져 모든 사람에게 인정을 받았다는 사실에 자부심마저 들었다.

이날, 이런 기분을 위해 나는 몇 년 전부터 그토록 열심이었던가? 일요일이면 찾아가 풀 베고 퇴비 주며 땀을 흘렸던가? 그동안 대추 농원에서 보낸 시간이 주마등처럼 스쳐 지나간다. 봄날 뻐꾸기 울음을 배경으로 대추나무 그늘에 앉아 혼자 점심 먹던 일, 여름날 비 맞으며 모종 옮기던 일, 달려드는 모기며 쇠파리를 쫓으며 허리 굽혀 잡초를 뽑던 일, 끊어지는 듯한 허리의 아픔을 그저 인내로 견디던 일 등등. 일이 힘들고 고될수록 이 모두가 나를 인간답게 만드는 일이거니 생각하며 지내지 않았던가?

그러나 한편 절로 나오는 한숨은 또 어쩌랴. 첫 경매로 농협 창구에서 받아 쥔 전표 한 장, 그동안의 숱한 노력에 비하면 너무나 작은 대가. 이 세상 농민들의 한숨과 비탄이 공감되는 순간이다. 아니, 해마다 겪는 그들의 심정은 나보다 훨씬 더 비참하고 허탈하리라.

옆에 선 밤을 경매한 어느 할머니의 넋두리는 나의 이 상념에 깊이를 더한다. 노부부가 받아 쥔 밤 값이 기대에도 못 미쳤으리라. "밤을 경매에 내놓기 위해 밤낮으로 노력한 게 다 헛고생이야. 미친 짓 한 거야."라며 긴 한숨을 몰아 쉰다. 아마도 이 한숨은 이 나라 모든 농민들의 한숨을 대신한 것이라 느껴졌다.

하루빨리 제도가 개선되어 농부들은 농산물을 제값 받고 팔고 소비자는 좋은 상품을 싼값으로 사먹을 수 있는 날이 도래하기를 기원하며 경매장에서 무거운 발길을 돌린다. 농정행정의 화창한 봄날이여 어서 와다오.

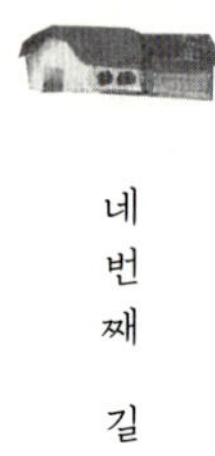

네번째 길

훈풍아, 불어라

훈풍이 불어주는 4월의 청명.

오늘도 예나 다름없는 수업이 시작되고 바람결은 자연의 싱그러움을 전하고 있다. 게양대에 매달려 무심한 바람결에 살랑살랑 나부끼는 태극기를 보며 신학기를 맞이한 올 한 해도 예년과 같은 희망으로 엮어졌으면 좋겠다고 생각한다.

나는 얼마 전 10여 년의 공립교사 생활을 마무리하고 사립학교로 전근 왔다. 공 · 사립이란 것이 조금 다르지만 그 외의 학교생활은 같으리라 짐작한다.

신학기라고 어떤 담임 선생님의 책상에는 붉은 동백꽃이 피어 그 색의 선명함을 자랑하고 같이 꽂혀 있는 처녀꽃도 오늘이 제 날인 양 그 싱그러움을 더하고 있다.

교실에 들어서 실장 영숙이를 찾아보았다. 얼마 전부터 줄곧 결석인 아이라 한다. 부임한 지 얼마 안 되는 학교라 마음대로 이 선생님 저 선생님께 물어볼 수도 없고 속상한 마음에 급우에게 물어보았다. 그런데 아이가 공납금을 내지 못하여 학교를 그만두고 공장에 돈 벌러 갔다는 것이 아닌가. 학생에게 대강의 이야기를 듣고 교무실에서 나와서 쉬는 시간에 이웃 반 담임인 정 선생님께 자초지종 사연을 들어 보았다.

집이 가난하여 반편성할 때까지 공납금을 납부하지 못했기 때문에 결국 특별반에 배당된 아이라 하고 그 학생은 아마도 집안이 공부할 처지가 못돼 공장에 가서 직장생활을 할 의향인 것 같다고 하였다. 보다 자세히 알아보기 위해 1학년 때의 담임을 찾았으나 이미 다른 학교로 전근 가신지라 더 이상의 속사정은 알 수 없었다.

1학년 때 같이 있었던 친구에게 물어보았더니 영숙이는 그동안 어머니가 마산 앞바다 건너 구실에 있는 굴밭에 경비를 서서 생계를 꾸렸는데 집안이 너무 가난하여 더 이상 학교에 다닐 수 없다는 이야기를 전해 주었다. 집도 잘 모르고 당시는 전화도 없던 때라 연락도 못한 상황에서 행여나 영숙이가 출석하기만 기다리고 있었다.

'내일이면 출석하겠지.' 하는 장밋빛 희망을 갖고 오늘내일 하다 보니 닷새가 훌쩍 지나 버렸다. 가난한 집안 형편 때문에 등교를 못하는 얼굴도 모르는 여자 아이. 마냥 스스로 나오기만 기다리는 심정은 말로 표현하기가 어려운데 그 와중에 학급 분위기도 이상하였다.

알고 보니 우리 반은 특별반이다. 그런데 이 특별반은 1학년 때 종합성적 석차를 내어 제일 성적이 나쁜 학생부터 45명만 모아놓은 그야말로 특별반 중에서도 특별반으로 편성된 학급인 것이다. 그런 중에 공납금을 내지 못해 특별반으로 편성된 아이가 실장에 선정되었으니 더욱 출석할 확률이 희박하였다.

나는 10여 년간 교직에 있으면서 상위학생 특별반은 보았지만 하위 성적에 속하는 특별반은 이 학교에 와서 처음 보았다. 내가 겪은 바 중학교 2학년 여학생들은 한창 감수성이 예민한 시기로 인성적으로나 지성적으로나 불안한데 특히 형편이 어렵고 성적이 뒤처진 이런 아이들을 모아 특별반으로 편성한 것은 무슨 이유인지 납득하기 어렵다. 그러나 부임한 지 얼마 안 된 학교라 표나게 반대할 수도 없고 다만 언짢은 마음을 겨우 참고 있었다.

하루에 두 번씩 조종례를 하러 학급에 들어가니 날이 갈수록 학생들과 친해져야 할 것인데 어찌된 일인지 담임 선생님만 들어가면

활기가 없고 고개 숙인 학생이 한두 명이 아니었다. 내 나름대로 짐작해 보건대 내가 갓 부임한 선생님이라 자신들의 반편성에 관해 모르리라 짐작하며 안도하는 한편 날이 갈수록 자신들의 성적 열등감이 드러나면 어떡하나 하는 우려감과 자신감 부족에서 마주 쳐다보기를 되도록 피하는 듯했다.

실장이 없으면 다른 학생을 대리로 반장의 임무를 하도록 하면 되겠지만 전체 학생이 학교의 반편성에 불만을 갖고 있어 협조를 구하기 어려울 지경이었다. 다만 여학생들이라 큰 저항을 못하고 마음속으로 불만이 이만저만이 아니었다.

불만의 이유도 각양각색이었다. 어떤 학생은 뒤에 성장하여 결혼하는 데도 지장이 있다는 둥, 자기 또래의 친구들 사이에서 머리 나쁜 아이들의 반이라 알려져 친구를 대하기가 싫다는 둥, 가족이 알까 겁난다는 둥 갖가지 이유를 말하는데 들어보니 모두 일리가 있고 수긍이 갔다.

이렇게 학교 생활이 재미가 없고 불만이 쌓여 있으면 하루가 무미건조할 뿐이라고 생각되었다. 이런 생활이 계속되다가는 엄청난 결과를 초래하는 심상치 않은 일이 일어나리라. 무엇이든 해야 할 것 같아 하루는 학교에 가서 1학년 때 생활기록부를 분석하여 보았다. 학급 전체 학생 중 양부모가 모두 직장을 갖고 있는 가정, 부모가 살아 있지만 생이별하고 있는 가정, 편부 편모의 슬하에서 생활하는 학생, 부모의 직업이 여관이나 다방 등 유흥업소인 학생 등으로 구성되어 있었다.

가정 생활에서 양쪽 부모의 흡족한 사랑을 받지 못하고 있는 학생들이 대부분이라 정상적인 학업성취도에 도달하지 못하고, 학습 결손이 하루하루 쌓였기 때문에 오늘의 반편성 대상이 된 학생들이었다. 중2 여학생들은 감수성이 예민하기 때문에 마른 잎사귀만 떨어져도 공연히 눈물이 앞을 가리고 그 잎사귀가 데굴데굴 굴러가도 까르르 웃는다. 그렇기 때문에 정서적으로 깔려 있는 심리적 심층구조를 추슬러 비어 있는 내면 세계를 채워 줄 수 있는 심리요법이 필요하리라 생각되었다.

나는 아침저녁으로 학급회의를 실시하고 이 학생들이 어떻게 하면 정서적으로 안정되고 의욕적인 마음의 상태에서 공부할 수 있을까 궁리한 끝에 정신적인 훈화로서

1. 지적인 것보다 덕이 소중함을 알기
2. 하면 된다는 의욕심 길러주기
3. 우리 반끼리 상생의 원리 일깨우기

날마다 이 3가지 내용으로 짧은 이야기를 들려주니 학생들의 텅 빈 가슴에 한 마디 한 마디가 이어지기 시작하여 가슴과 가슴이 서

로 상통하게 된 것을 나 역시 느낄 수 있었다. 우리 학생들은 공부는 비록 못하지만 마음은 순수하고 때 묻지 않았기 때문에 상생의 원리인 우리를 강조하니 쉽게 심취하여 감화되었다. 또 시간의 흐름과 함께 실장인 영숙이도 출석하게 되어 더욱 공고히 단결된 힘으로 학급의 상처들이 치유되어 갔다.

그리하여 그해 말에는 따뜻한 정이 마음에서 마음으로 흘러 교실에는 나름대로 화기애애한 분위기 속에서 서로에게 관심을 가지고 노력하는 모습이 보이기도 했다. 훈훈한 애정의 바람이 교실을 휘돌아다니는 듯한 것이다.

그때 그 아이들. 지금은 모두 장성한 자식을 둔 어머니가 되어 잘 살고 있겠지. 가끔은 젊은 담임이 입버릇처럼 되뇌이던 상생의 법칙을 떠올리며 수다를 떨고 있을까? 내심 궁금해지는 시간이다.

네 번 째 길

만경봉호의 귀환

다대포항에서 출항, 30여 분 만에 오륙도 너머 수평선으로 아스라이 자취를 감추는 배를 보는 부산 시민들의 모습에는 아쉬움의 기색이 완연하다. 연인을 떠나보내는 여인의 모습이 저리 애틋할까? 떠나가는 배를 보며 왜 그렇게도 목청을 돋우고 있을까? 그는 다름 아닌 그 배가 북을 향해 가는 만경봉호이기 때문이다.

이쪽에서 부산 시민들이 "우리는" 하고 구호를 외치면 배에서 통일 깃발을 흔들어 대는 미녀 응원단들은 "하나다."라고 응수한다.

연속으로 화답하는 그 소리는 가슴과 가슴을 오가는 대단결의 목소리로 우리 민족은 하나요, 둘이 아님을, 어서 통일이 되어 자유왕래가 실현되고 이산離散의 아픔이 치유되기를 간절히 염원하는 목소리다. 하여 오늘 따라 물결 잔잔한 다대포항에서 만경봉호를 떠나보내는 환송식은 형제자매의 석별의 정으로 우리 모두를 얽어매 아쉬움을 더하는 것이다.

부산아시아대회 기간 동안 한목소리로 외쳤던 그 환호성. 부산의 안 시장님이 환송식에서 "남과 북이 하나 되어 허물어뜨린 분단의 벽 위에 평화와 통일의 나무를 심자."고 북쪽 응원단에게 갈구하니 북의 이명원 단장은 "우리의 가슴과 가슴으로 오가는 화합과 대단결을 이어가면 통일은 곧 성취될 것이다."라고 화답하지 않았던가.

눈빛만 보아도 말소리만 들어도 행동만 보아도 이심전심으로 통하는 핏줄의 당김. 미녀 취주단원이 부르던 노랫가락도 생소한 리듬이 아니라 바로 우리 몸속에 녹아 있어 우리 민족이 좋아하는 궁상각치우, 우리 고유의 리듬이 아니던가? 그래서 그 리듬을 들으면 흥이 절로 나지 않을 수 없었다. 화사하게 차려입은 특유의 밝은 색상 한복 그리고 취주악단이 입고 있는 약간 노랑에 금줄로 장식한 하늘색의 모자와 단복 등도 우리가 옛날 경축행사에 쓰고 우리 국민 전체가 좋아하는 특유의 색상이다.

지휘봉을 가진 자나 악기를 연주하며 생긋 웃는 단원이나, 현장에서 최선을 다하여 승리의 기쁨을 누리기 위해 노력하는 선수나, 남북을 구분하지 않고 응원하는 관중이나 모두가 하나 되는 것은 무엇 때문일까? 그것을 물보다 진한 피가 다 같이 몸속을 흐르고 있기 때문일 것이다.

그러나 현장의 보도진이 마이크를 갖다 대고 소감을 물어보면 "위대한 수령님의 은덕으로 이렇게 좋은 결과를 가져왔다."는 유일사상은 안타까움을 더하여 가련함조차 느끼게 한다.

우리 사회의 언론의 자유를 보지 못하고 인간성 본래의 솔직함으로 대하지 못하는 그네들의 모습이 안타깝다. 안개와 같이 보이지 않는 정치적인 그 무엇이 그들의 눈을 가리고 입을 막았을까? 맑고 밝은 오늘의 가을 햇살처럼 그네들의 생활이 변하여 툭 터놓고 진실로 형제자매의 정을 나누는 시간과 사회가 되면 얼마나 좋을까? 만경봉호를 보내며 안타까움과 만감이 교차되는 것은 바로 이런 이유 때문이다.

다대포항의 관리자들은 민간인이 만경봉호에 접근하지 못하게 멀찍이 철조망을 쳐놓았다. 그 철조망을 붙들고 모두가 소리 높이 외치는 말, "잘 가이소." "통일 되면 만납시다."

기약 없는 이별이기에 철조망에 기대 목이 터져라 외쳐대는 실향민도 보인다. 백발이 희끗희끗, 얼굴에는 주름살이 골골마다 깊게 패여 그동안의 고난의 물이 흘러가는 듯한데 앙상하게 뼈만 남은 몸으로 핏대를 세우며 외치는 그 모습은 차마 바라보지 못할 정도로 안타깝다.

며칠 전에는 심야에 만경봉호 불도 모두 꺼지고 사방은 사람 하나 없이 고요한데 그래도 그 배가 고향 산천 가까운 곳에서 온 배라고 집에도 가지 않고 서성대는 한 할아버지의 애끓는 사연이 있어 우리 모두의 눈시울을 젖게 했다. 누가 우리를 이렇게 만들어 버렸는지 땅을 치고 통곡할 일이 아니겠는가?

우리가 언제나 어머니를 생각하고 그 품안을 그리워하듯이 많은 이들에게 고향은 어머님의 품안처럼 늘 그립고 가고 싶은 곳이다. 실향민에게는 오죽하랴. 그리워도 갈 수 없는 고향이라 바쁜 세상살이에도 그 그리움은 뼈에 사무쳐 철조망의 백발노인은 목이 터져라 그렇게 불러대고 심야에 노인은 한없이 부두를 서성댔으리라.

남북의 선수들이 한반도기를 앞세우며 같이 입장하고 화합의 성화를 같이 들어 이 대지를 밝게 비춘 것처럼 이제는 순수한 인간성, 겨레의 얼을 찾고 그 얼이 화합하는 날 우리 모두의 소원이 성취되기를 하늘에 고해 본다. 백두에서 한라까지 하나 되는 그날을 손꼽아 기다리며 우리 모두 한마음으로 개개인의 노력을 다하자.

네
번
째

길

사랑의 힘

아침 일찍 등교하여 교무실 책상 위에 가방을 놓자마자 한 촌부가 학생을 만나러 왔다며 들어온다. 거제도에서 전학 온 학생의 어머니였다. 호출한 학생이 교무실에 들어서는 순간 갑자기 어머니가 학생의 머리채를 움켜쥐고 이내 교무실 바닥에 두 모녀가 한 덩어리로 엉키어 뒹군다. 어머니 되는 촌부는 네가 죽든지, 내가 죽든지 결판을 내자며 빠져나가려는 학생을 때리고 잡아당기니 그 모습이 참으로 민망했다.

또 어미 되는 자가 자식에게 사생결단 달려드는 모습에 마음이 언짢기도 했다. 일찍 온 전 교사가 사력을 다하여 두 사람을 떼어 놓은 뒤 찬찬히 부형을 살펴보니 검은 얼굴에 깡마른 체구였다. 그런데 조금 전엔 어디서 그렇게 강한 힘이 나왔단 말인가!

어머니의 말씀을 들으니 어제 담임 선생님으로부터 딸의 학교생활과 생활태도에 대한 전화를 받았다는 것이다. 기대와 달리 학업에 충실하지 않고 일탈한다는 세세한 이야기를 듣고 모든 일을 작파하고 그 길로 마산으로 올라온 것이다.

좀 전에 민망하고 언짢았던 마음이 부끄러웠다. 남이 보기에는 무식하기 짝이 없는 행동이었지만 한평생 시골 촌부로 살아온 그 어머니는 그렇게 곡진하게 자식에게 나쁜 짓을 해서는 안 된다는 것을 행동으로 가르쳤던 것이다. 나는 그 부형의 모습에서 말할 수 없는 어머니의 큰 사랑을 느낄 수 있었다.

세상에 진실한 사랑의 마음이 통하지 않는 곳은 한 곳도 없다.

한 식물학자가 실험을 했다고 한다. 그는 똑같은 종류의 식물을 각각 두 포기씩 심었다. 그리고 하루도 빠짐없이 같은 양의 물과 비료를 주었다. 그러나 한쪽은 다정한 눈길로 정다운 이야기로 나누며 사랑하는 마음으로 물을 주었고 다른 한쪽은 그냥 물만 주었다.

이 실험의 결과는 어떻게 되었을까? 같은 환경과 영양조건이었지만 한쪽은 꽃의 크기도 크고 싱싱하게 자라는데 반해 다른 한쪽은 잘 자라지 않았다고 한다. 비록 작은 식물일지라도 진실한 사랑의 마음이 전달되면 이처럼 놀라운 결과를 내는 것이다.

어디 그뿐이랴! 알을 품고 있는 닭이나 작은 짐승들이 새끼를 지키려는 사랑의 마음으로 용기백배하여 자기보다 덩치 큰 적이나 맹수에 맞서 사력을 다하여 싸우는 모습도 볼 수 있다. 사랑의 힘은 그렇게 놀라운 것이다.

우리 학교, 우리 집이 다른 학교, 다른 이웃집보다 좋은 이유는 가족들의 사랑, 이웃 간의 사랑이 있기 때문이다. 어릴 적 뛰놀던 뒷동산 잔디밭이나 들판, 헤엄치던 개울가, 옛 친구들이 못내 그리운 것도 모두 함께 나누었던 진실한 사랑의 기억이 있기 때문이다.

나는 우리 인간이 만물의 영장으로 오늘날까지 존재할 수 있는 것이 사랑의 마음이 있기 때문이라고 생각한다. 맹자, 한석봉 등 역사에 이름을 남긴 자식을 키워낸 어머니들뿐만 아니라, 세상에 알려지지 않은 수많은 어머니, 어머니들의 승화된 높은 사랑의 마음이 오늘날의 이 세상을 있게 한 원동력의 하나이다. 부모의 사랑뿐 아니라 남녀 간의 사랑, 사제지간의 사랑, 이웃 간의 사랑 등 모든 사랑의 힘이 모여 세상을 이루고 역사를 만드는 것이다.

지난 40여 년의 교직생활 중 교내외에서 일어나는 많은 일들을 보고 겪었다. 많은 사안들을 다룰 때마다 느낀 것은 여러 가지 해결책이 있지만, 가장 중요한 것은 역시 사랑의 마음으로 학생을 대하고 지도해야 한다는 것이다. 그렇게 하면 사제 간의 정도 돈독해지고 모든 문제가 순조롭게 해결되며 따뜻한 학교, 따뜻한 교실이 된다는 것도 몸소 체험했다. 이런 까닭으로 나는 학생들을 대할 때 늘 사랑의 마음으로 대하려고 애썼다.

지금 재직하고 있는 마산○여고는 연합고사에 합격하여야 추첨에 임할 수 있고, 추첨 비율도 전통이 있는 명문이므로 사람들이 선호하여 5:1의 경쟁률을 뚫어야 다닐 수 있는 학교다. 한마디로 결코 들어오기 쉬운 학교가 아니다. 평소 무엇인가 선행을 베푼 덕이 없다면 결코 이런 학교에 입학하는 영광을 안을 수 없을 것이다. 이렇게 본다면 마산○여고 학생들이 남의 어려움을 내 일처럼 돕고 서로 양보하여 다른 이를 위해 불편을 참고 다른 사람의 기쁨을 진심으로 축하하는 마음을 가진 진정한 사랑의 화신이 되기 위해 더 많은 이해와 노력을 경주해 주었으면 한다.

진정한 사랑은 받을 때보다 줄 때 더 큰 행복과 기쁨을 느낀다고 한다. 다시 말해 사랑은 받는 것이 아니라 베푸는 것이다. 어느 시인의 말처럼 이미 준 것은 다 잊고 더 줄 것을 생각하며 사랑을 실천하자.

네 번 째 길

황혼黃昏의 제주여행

김해공항을 이륙한 비행기는 좌회전을 하면서 하늘로 치솟았다. 비행기 동체가 두둥실 높이 떠 앞으로 나가니 삽시간에 새로운 세상이 눈앞에 전개되었다. 자그마한 창문 사이로 보이는 햇빛에 비추인 구름은 순백으로 이루어진 만물상 그대로였다.

이 세상 창조주는 무슨 재주를 가졌길래 저렇게도 아름다운 또 하나의 별천지를 만들었을까? 비행기도 빠르게 움직이고 구름도 바람결에 어디론지 날아가 살아 움직이는 저 조각상은 이 세상 어디에도 없는 나 혼자만이 볼 수 있는 풍경이 아닌가 싶다.

비행기는 본 궤도를 찾았는지 평온하고 고요하게 항진을 계속했다. 기내에서 주는 커피 한 잔을 하고 나니 조금 후에 제주국제공항! 비행 중에 본 초록빛 땅은 무엇일까 궁금했는데 공항에 내려 차를 타고 숙소로 가면서 살펴보니 양배추와 당근 모종이라고 기사가 설명해 주었다. 제주도는 이 땅에 살아보니 어진 백성들이 노력만 하면 구하여 주는 고을이라는 뜻일 거라고 생각도 하여 보았다. 차는 제주시를 중심으로 하여 동쪽으로 동쪽으로 달리는 것 같았다.

제주에 온 지도 10년이 훨씬 넘어 오늘 친구들과 같이 와서 달려보니 세상이 많이 변했음을 실감할 수 있었다. 해님은 서산으로 넘어가기 직전인데 여행객은 반대쪽으로 달려가니 세상의 순리에 역행하는 것같이 느껴졌다. 길옆의 귤밭 이랑 요소마다 마련된 관광명소를 눈여겨 바라보면서 주마간산走馬看山 격으로 거침없이 달렸다.

남은 짧은 인생살이를 아예 순리대로 생활하면서 즐거우면 즐거운 대로 기쁨과 슬픔을 있는 그대로 감수하면서 살겠노라 다짐하였다. 달리고 달려 닿은 곳은 북제주에 있는 아진가든, 넓은 구릉지역에 외로이 혼자 있는 숙소에 도착했다.

주위를 살펴보니 광활한 넓은 초야에 온통 더덕밭과 메밀꽃. 머릿속에는 강원도 산골 봉평에 온통 메밀꽃이 이어져 오솔길 따라 이

장場에서 저 장場 마당으로 맴돌아 다니는 허생원이 떠오른다.

여장을 풀고 친구와 여담을 나누는 사이 늦가을의 땅거미는 빨리 찾아와 홀연 고개를 드니 하늘에 달이 떠 있지 않았겠나. 오늘이 며칠인고 생각하니 음력 열나흘. 달은 점점 대낮같이 밝아지는데 주위는 푸르도록 흰 메밀꽃, 오른쪽에는 넓고 넓은 더덕밭. 거기에다 반세기 전에 맺어진 지기지우들이 정담을 나누니 이 또한 피안의 세계가 아닐런지 자문자답하였다.

이렇게 이야기는 계속되고 '웃으면 엔돌핀이 생성되어 좋다고 아니하던가' 하면서 한바탕 웃는 모습이 어릴 때 천진난만하던 그대로였다. 제주의 밤은 깊어가고 삼삼오오 짝을 지은 지우들은 화제도 다양했다. 어느 친구의 애달픈 인생살이, 가족들의 살아온 사연, 첫사랑 순이 이야기 등등 주제는 가지가지였다. 눈물겨운 이야기에서부터 창자가 뒤틀릴 정도로 얄미운 이야기도 있었다. 이런저런 사연을 뒤로하고 잠자리에 들었다.

새로운 환경 탓인지 일어나 눈을 뜨니 새벽이었다. 밖으로 나가보니 삽상颯爽한 맑은 공기는 마산에서는 느낄 수 있는 그런 분위기는 아닌 것 같다. 분위기에 몰입되어 이리 뛰고 저리 달리고 하여 한참 동안 방황하니 이따금씩 주인집 개란 놈이 적막을 깨고 있다.

그동안 시간이 흘러 홀가분한 차림으로 제주관광에 나서니 옛보던 자연이요 옛보던 민속촌이었는데 그 옛날 같이 관광한 친구와 직장동료가 아니어서 새삼스레 인생이 짧다고 느껴지는 것은 황혼기에 접어든 세대이기 때문일 것이다.

안내하는 기사님의 인도에 따라 제주민속촌 박물관에 도착했다. 먼저 온 관광객이 입장하고 수학여행 온 서울의 모 고교도 분주하게 구경하면서 진로에 따라 서서히 이동하고 있었다.

정문 게시판에 제주는 돌, 여자, 바람의 삼다三多를 비롯해 도둑, 거지, 대문, 삼무三無에 이어 자연과 민속, 언어, 식물의 삼보三寶를 겸비하고 있다고 알려주었다. 삼다나 삼무는 금방 들으면 이해가 가지만 삼보는 자연과 민속 언어적인 생각을 해 보아야 할 것도 같다. 우리 일행도 화살표를 따라 옛말을 되새겨보면서 민속자료를 새로 보니 생명의 흐름을 느낄 수 있었다.

시간의 흐름에 따라 산굼부리에 도착했다. 들어가는 입구부터 돌하나 놓아둔 장소까지 정성과 의미를 부여하여 전시해 놓은 것 같았다. 가이드의 설명에 따르면 이산금부터는 개인이 운영하는 관광요소로 국가지정문화재 기념물 제263호로 지정되었다고 한다.

길 따라 올라가니 화산탄도 산굼부리 분화구 방사탕 용암수형석을 볼 수 있었다. 산굼부리 분화구 주위로 광활한 야산초 위에 넘실대는 은백색의 억새와 신혼부부의 물결은 장관을 이루었다. 웃고 웃는 저 신혼부부들이 그 왕성한 사랑의 에너지로 알콩달콩 가정을 꾸려나가 이 나라의 선량한 주인이 되어 주었으면 좋겠다고 생각하는 것은 황혼기에 보는 여행자의 심정일는지 모르겠다.

세상은 참 이상한 곳도 있구나 생각도 해보면서 분명히 고도가 낮아 보이데 차는 고도가 높은 쪽으로 가는 것은 무슨 이치일까? 착시현상일까? 문제가 풀리지 않으나 의문은 의문으로 남기고 서귀포로 달렸다.

주위를 살펴보니 눈에 익은 도로 같아 기사님께 질문하니 '오일륙도로' 라고 했다. 오르락내리락 돌고 돌아 서귀포로 가는데 먼 곳의 목장에는 제주 특유의 말 방목장이 있어 한가하게 노니는 제주말이 여행자의 시야에 들어 있기도 하였다. 옛말에 사람은 나면 서울로 보내고 말은 나면 제주도로 보내라는 말이 있지 않은가. 심오한 의미는 잘 모르지만 그래도 내가 살아가는 마산이 이 세상에서 제일 좋은 곳이라는 생각도 해보았다.

서귀포 중문관광단지에 도착하여 이곳저곳 두루 구경하니 그 옛날 서귀포에 왔을 때와는 비교가 되지 않을 정도로 많이 발전되었다는 것을 실감할 수 있었다.

사통팔달로 통하는 교통은 물론 숙박시설도 많아져서 보물섬 제주를 더욱 관광의 명소로 만든 것은 제주인의 근면성과 창의적인 노력이 아니겠는가 느껴지기도 하였다.

여미지식물원에 가니 이 세상 식물이란 식물은 모두 재배되어 관람객의 눈을 즐겁게 하였다. 어떤 식물은 식물에 다시 기생하여 꽃이 피고 박쥐란, 산세베리아, 극락조라는 듣도 보도 못한 꽃들이 즐비하게 늘어서 생긋 웃으면서 상냥하게 인사하는 것 같다.

지나는 길목에 극락은 남이 만들어 주는 것이 아니고 자기 자신이 노력하여 창조하는 것이라고 말하지 않았던가. 공감이 가서 소개하지만 우리는 창조성을 갖고 이 세상을 살아가는 것이 좋은 것 같다.

여행 이튿날의 해도 얼마 남지 않았다. 한라산의 정상을 배경으로 모슬포 쪽으로 달려서 야트막하게 펼쳐진 감귤농장에 도착했다. 짙푸른 잎새 사이로 노란 감귤이 뉘엿뉘엿 기울어져 가는 햇살을 받아 반짝이는 모습은 그야말로 숨막힘의 연속이다.

유채꽃의 노랑이나 잎새의 초록, 검정의 흙 색깔은 그야말로 삼원색의 조화가 아닐는지. 분재원이나 수목원이나 모두 나무 하나에 사람의 손길이 수십 번, 수백 번 가지를 벌리고 이리 꼬고 저리 비틀고 하여 다듬어준 흔적이다. 한번 심은 나무는 최대한 노력하고 참고 견디면서 생명을 이어 나가는 무언의 노력을 한다. 우리 인간은 이 점을 본받아야 한다고 생각했다.

새로 개발한 곳이 있다고 해서 찾아간 평화박물관에서 이영근 관장님의 말씀에 따르면 이곳은 태평양전쟁 때 일본군의 땅굴진지라고 추정된다고 하며 태평양전쟁이 끝난 지 수십 년이 지도록 베일에 감추어져 있다가 근년에 뜻있는 사람의 평화정신에 의해 발굴되었다고 한다. 가마오름 지하요새를 견학하고 숙소로 돌아갔다.

오늘은 귀항일이라 가방을 챙기고 제주시를 향했다. 시내에 있는 재래시장도 구경하고 시내 근처에 있는 관광지를 구경하려 하였으나 옛보던 곳이라 차에 앉아 가고 싶은 사람 보라는 말만 하고 좌정하고 있는데 이 또한 황혼기에 처한 일이라 생각하니 안타깝기도 하였다. 그러나 훗날 또다시 올 수 있을까 의심하면서 용두암을 보러 친구 몇 명과 같이 갔다. 상혼이 바닷가에까지 침식이 되어 주책이 없는 바다에서 보던 용두암과 엄청난 차이가 나는 것 같다.

세월이 가면 인간도 자연도 사라지고 퇴색되는 것이 하늘의 이치이듯 나도 늙어 할아버지가 되어 황혼기의 제주여행을 마쳤다.

네 번 째 길

달아 달아 밝은 달아

먼 곳 산 위에서 "달 떴다."하고 큰 소리로 고함을 지르면 달집을 지어놓고 달 뜨기만 기다리던 동네 사람들이 급히 불씨를 지핀다.

이때부터 달집에 불꽃이 타오르면서 활활 타기 시작한다. 아랫동네에서도 윗동네에서도 연기가 기둥처럼 하늘 위로 치솟고 풍물패들이 울려대는 소리는 마을 전체에 흥을 돋우어 달집을 중심으로 빙빙 돌며 상생의 단합을 과시하고 간헐적으로 대나무 마디 터지는 소리는 천지를 진동한다. 이윽고 둥근 달님이 얼굴을 내밀면 어린

아이에서부터 늙은 노인들까지 저마다 한 해의 소원을 비는데 두 손을 맞대고 머리를 숙여 지극히 빌고 있는 것은 무엇일까?

집안 식구들의 건강, 누구는 결혼을, 아무개는 아들을 낳고, 남재골의 논에는 곡식이 잘되기를 비는 등 모두 다 소박하고 기초적인 소원일 것이라고 짐작이 간다.

동쪽 하늘에는 밝은 달이 점점 높이 떠올라 대낮처럼 밝아오고 달집은 열을 뿜어내며 타고 있는데 주위를 도는 상쇠는 온 동네 사람보다 앞장서서 하나가 되게 흥을 내어 즐기고 있다. 오늘만큼은 불놀이를 하여도 어른들이 인정하여 주기 때문에 쥐불놀이를 하여도 논두렁 태우기를 하여도 관계하지 않았다.

어떤 사내들은 뛰어 달리며 이 논두렁에서 저 논두렁으로 불을 붙이면 그 불이 이글거리면서 타올라 용이 밤을 이용해서 승천하는 것처럼 보이기도 하고 아이들이 돌리는 쥐불놀이는 허공에 황금의 원을 그리면서 온 들판에 동그라미 불꽃이 잔치를 베풀고 있었다.

이제 황혼기에 접어들어도 마음은 청년이라 할까. 그 달 밝은 대보름날에 마당 넓은 여느 집에서 강강수월래 강강수월래 하고 손에 손잡고 둥글게 둥글게 원을 그리며 노래 부르는 우리네 누님들의 순수한 그 모습이 눈에 보이는 듯 환청과 환상으로 그 소리가 들리고 보이는 것 같다.

그때만 해도 처녀들이 머리를 길게 길러 붉은 댕기를 매고 백색의 눈(雪)과 같이 흰 피부에 홍안의 얼굴로 밤이 으슥하도록 장소를 옮겨 가며 백야白夜의 밤을 즐기지 않았던가?

그 청순한 마음은 반세기가 지나도록 한 가정의 주부로서 한 아이의 어머니로서 살아가면서 지금쯤 어떻게 변했을까 궁금하기도 하다. 지나간 일들은 아름다운 것, 수십 년이 지났어도 더욱 진하게 느껴지는 것 같다.

오늘이 바로 그날이다. 죽마고우를 생각하면 긴 바람이 절로 온몸에 솟구친다. 보름날 아침에 오곡밥과 귀밝이술과 부럼을 깨물어 그해의 액을 막고 기쁜 소식과 건강을 함께 누리라는 어머님의 기원에 힘입어 무엇인가 잘될 것이라는 각오로 풍물 소리 나는 곳으로 찾아간다.

우리 또래의 친구들과 형님 또래의 남자들이 모여들어 성황을 이루면 누구는 톱과 낫으로 누구는 소나무를 산에 가서 베어오고 누구는 대밭에 가서 대나무를, 각각 지시에 따라 일사분란하게 척척 진행되어 달집 지을 재료들이 쌓이기 시작한다. 때를 맞추어서 달집 지을 청년들이 모이기만 하면 달집은 삽시간에 완성이 되고 달집 중앙에 키가 큰 대나무가 제자리를 잡아서 우뚝서면 그때부터 새로운 한 해의 소원을 하얀 종이에 써서 붙이고 끈을 하여 달기 시작한다.

한 해의 소원을 달집 태울 때 써서 붙이고 빌기만 하면 모두 이루어진다는 우리네 순수한 마음이나 저 밝은 달을 바라보면서 계수나무와 토끼 그리고 금도끼 은도끼로 초가삼간 지어서 부모님 모시고 즐겁게 살아가는 소박한 삶의 이상향은 세월이 아무리 흘러가도 우리네 마음속에 영원히 그려질 것이다.

달집이 불에 타고 이글거리는 숯불을 다리미에 담아 콩과 같이 알맞게 흔들기만 하면 콩이 알맞게 익어 고소하던 그 맛. 다 타고 남은 소나무 막대기로 대말타기를 하여 아들 없는 집의 대문에 꺼꾸로 들어가면 그해 틀림없이 아들을 낳는다는 속설이라든지, 타다 남은 소나무 가지가 집마당에 있는 집은 복이 온다는 것을 믿고 있는 우리네 풍속은 달나라의 신성하고 유토피아적인 천상의 아름다움을 지상의 보금자리인 가정에 실현하려는 의미가 아니겠는가.

오늘이 대보름날이라 그런지 그때가 눈물 나도록 그립고 보고 싶어 아내와 둘이 고향으로 달려갔다. 내 텅빈 가슴에 고향이 가까워질수록 그 무엇인가 허기진 속내를 점점 채워 주는 것은 부모형제들이 살았고 또한 살고 있는 포근한 마을이 아니겠는가.

고향 마을 어귀에 들어서면 돌담길 옆에서 언제나 자식이 오는가 하고 발돋음을 하면서 기다리던 그 자리, 미수米壽의 연세에 반갑게 맞이하시는 형님.

이웃집 형수 형님들, 마을에 계시는 분들이 모두 한가족이고 정이 넘치는 내 고향이 아닌가. 내 이렇듯 옛정이 그립고 보고 싶어 이 골목 저 골목 누비면서 고개를 길게 빼어 이리 기웃 저리 기웃 그 옛날인 양 인사를 나눈다.

만담설화 이야기에 꽃을 피우고 재미있게 이야기를 나누는 사이 정신을 차리니 오늘이 그 옛날이 아니런가. 동네는 옛날 그때 내 고향인데 인걸은 가고 없으니 옛 보던 그 사람이 아니었다.

젊은 사람은 외지로 나가고 고향 지킴이는 젊어야 오육십 대고 보니 머지않아 인적이 끊어지는 고향을 생각하니 애간장이 녹아 내리는 아픔을 느낀다.

네
번
째

길

흘러가버린 안타까움

오늘은 수능시험 보는 날, 어머님들은 자식이 시험 보는 학교 정문에서 찰떡 혹은 엿을 붙여 놓고 찰떡처럼 엿처럼 찰싹 잘 붙어 대학 진학 때도 지원하는 학교에 합격되기를 기원하고 있다.

이처럼 온 가족이 전심전력을 쏟아 붓고 있는 이때 우리 반 성실이는 시험 보는 학교에서 멀리 떨어진 곳에서 남자친구와 점심을 먹고 오후 입실시간이 다 되어서야 숨을 몰아쉬면서 뛰어오고 있었다.

담임 선생님인 나는 그것도 까맣게 모르고 점심을 준비해 놓고 기다리다 지쳐서 우리 반 학생인 인자에게 물어보니 성실이는 누가 불러서 교문 밖으로 뛰어나가더라는 것이다.

인간의 운명을 결정짓는 중요한 수능시험인지라 점심을 일찍 먹고 느긋하게 심신을 충분히 쉬게 하고 오후 수능시험에 응하여야 할텐데 저렇게 촉박하게 숨을 몰아쉬면서 뛰어 들어와 시험 보는 학생이면 결과는 불문가지가 아니겠는가?

하도 기가 막혀 아무 말도 못하고 숨가쁘게 뛰어 들어가는 성실이의 뒷모습만 바라보면서 애처로운 생각이 떠올라 뒷모습이 사라지도록 바라보고 있었다.

얼마나 서 있었는지는 몰라도 3학년 2반 담임 선생님이 무어라 하길래 정신을 차려보니 시간이 많이 흘러간 느낌이었다. 이렇게 아쉬움은 아쉬움으로 남아 몸이 뻣뻣하게 굳어졌던 것이다.

수능시험 결과가 발표되면 알겠지만 아쉬움이 현실로 나타났다. 수능점수가 생각보다 낮은 점수였다. 아, 이것을 어쩌나 하고 안타까워하였지만 소용없는 일이다. 이미 떠난 시간은 돌이킬 수 없다. 우리는 시간에 쫓기지 말고 시간을 이용하는 사람이 되자고 외쳐보고 싶다.

사실 성실이는 언제나 상냥하고 친절하여 웃는 얼굴로 누구에게나 호감을 주는 모범된 학생으로 공부도 잘할 수 있는 학생이라고 믿음을 주었다. 그러나 사람은 환경의 지배를 받아 성격의 형성이라든지 생활의 버릇 같은 것이 이루어지기 때문에 친구의 사귐이 얼마나 많은 영향을 받는가를 알 수 있다.

성실이의 가정은 여고 때 아버님이 돌아가셨기 때문에 가세가 기울어지기 시작하여 편모 슬하에서 지나친 자유로움에 더욱 해방이 되어 공부에 소홀했던 것이 사실로 나타났다. 수능점수를 갖고 이 대학 저 대학에 커트라인 점수를 맞대어 보았으나 갈 만한 곳이 없어 아쉬움은 아쉬움으로 남아 결국 대학원서를 제출한 학교가 경남간호대학이었다. 타 반 학생과 우리 반 성실이 세 사람이 같이 제출하였지만 두 여학생은 합격이 예상되었고 성실이는 합격이 어려울 것 같은 예감만 남기고 발걸음만 되돌렸다.

며칠 후 합격자 발표 날짜에 맞추어 간호전문대에 갔지만 결과는 예상했던 대로였다. 우리 반이 아닌 학생의 합격증을 갖고 돌아서는 내 가슴은 무엇이 짓누른 상태에서 답답함을 느꼈다.

인간이 살아가는데 행복지수가 학력과 정비례하지는 않겠지만 알고 있는 지식 정도가 높고 생활해가는 수단인 자격을 갖고 있으면 없는 사람보다 확률적으로 행복지수가 높다는 것을 말할 수 있다. 성실이는 그 후로 소식이 없었고 이 하늘 밑 어느 곳에 잘 살기를 바라는 스승의 마음을 헤아려 주기를 바란다.

만약에 세월을 다시 그때처럼 돌려준다면 성실이를 위하여 생활상담도 하고 긍정적인 마음을 갖고 공부할 때까지 관심을 갖게 노력하겠다고 다짐하고 싶다. 그리고 세월 흘러가면 다시 되돌릴 수 없다는 것을 권학문을 인용하면서 말하고 싶다.

> 소년이노학난성少年易老學難成 일촌광음불가경一寸光陰不可輕
> 미각지당춘초몽未覺池塘春草夢 계전오엽이추성階前梧葉已秋聲
>
> 소년은 늙기 쉽고 학문은 이루기 어려우니,
> 잠시라도 시간을 가볍게 여기지 말라!
> 연못가의 봄풀은 아직 꿈을 깨지도 못하는데,
> 댓돌 앞의 오동나무 잎은 이미 가을 소리를 전하는구나!

언젠가는 책임제 자연보호구역이 정해졌는데 ○○절에 자연보호구역이 군에서 일방적으로 정해졌기 때문에 반별로 돌아가면서 자연보호를 책임지고 완수하게 되어 있었다. 하루는 우리 반이 책임지고 자연보호를 하도록 되어 있었기에 점심을 준비해 가지고 ○○사에 갔다. 정해진 대로 휴지도 줍고 청소도 하고 주위를 깨끗이 하며 자연보호운동을 전개하였다. 시간적으로 여유가 있어 우리 반 학생들과 절 뒤에 있는 연화봉을 오르니 거기에는 무릉도원의 세계가 전개되어 있지 않은가.

때마침 늦가을이라 억새는 꽃이 만개하여 눈앞에 전개되는 상황이 겨울에 흰 눈이 와서 애애한 그대로였다. 겨울철의 백설은 살아 움직이지 않지만 이 억새꽃은 살아 움직여 그 모습이 과연 장관이었다. 조금 걸어가니 몇 채의 집들이 옹기종기 남향으로 지어져 있는데 감나무의 홍시가 발돋움하여 따 먹어도 될 만큼 농익어 금방이라도 떨어질 것만 같았다.

흰 억새꽃이며, 군데군데 푸르름의 소나무, 빨갛게 익어 낙과할 것만 같은 홍시며 자연의 조화가 어우러져서 한 폭의 동양화 같았고 거기에 여고 3학년 학생의 생기 발랄함은 자연과 조화를 이루어 지금도 기억에서 맴돌고 있다.

시간이 지나 성실이가 싸온 점심을 먹으니 밥맛이 꿀맛 같아 세월이 한참 흐른 지금도 잊혀지지 않는다. 지금 생각하면 가정사정이 여의치 않는데 밥을 준비하라고 한 것은 담임으로서 배려 없는 행동이 아니었나 싶어 두고두고 후회가 된다.

성실이는 지금쯤 어떻게 생활하고 있는지 그때 너의 마음씨를 생각하면서 그 향기를 기리고 간전看專에 합격하지 못한 것이 몹시 안타깝다.

네 번 째 길

백두여 백두여

생활하면서 늘 백두산 천지가 보고 싶었다. TV로 시청할 때마다 백두산 천지의 푸른 물이며, 둘레, 짜임새 있는 경치가 너무나 아름다워 보여 백두산 천지를 봐야겠다는 심정은 깊어만 갔다.

이번 중국 여행도 그런 이유가 숨어 있는 것이다. 여행 중이라 그런가는 몰라도 오늘 아침도 일찍 일어나 연길에서 우리 한국의 미니버스 같은 차를 타고 백두산으로 간다. 차는 시내를 벗어나 시골길로 접어들면서 중앙선이 없는 비포장 도로를 시속 40㎞ 정도의 속도로 달려가는데 중국 사람들의 만만디는 예상했던 것이었다.

우리나라 사람들이 시속 100㎞ 이상으로 달리는 것과 비교하면 지루해서 견딜 수가 없었다. 가이드를 통하여 빨리 가자고 이야기 하니 들은 체 만 체하고 그냥 그 속도를 지속하는 것이었다.

사람 사는 데는 별다른 것이 없어 보였다. 길가에 앉아 수박, 오이, 참외 등을 내놓고 노점상을 하는 것을 보니 우리나라 현실이 생각나 손을 흔들어 주기도 하고 혹시나 우리의 혈육들이 일제 때 이곳으로 도망 온 이후 우리나라로 귀국하지 못하고 정착하여 살고 있는 것이 아닌가 생각도 하면서 마음 같으면 차를 세워 성씨나 알고 고향이 어디냐고 묻고 싶었다.

느리게 달리는 차에서 이런저런 이야기를 하다가 가이드하는 사람이 유머스러운 수수께끼를 냈다. "일 더하기 일을 하면 무엇이 됩니까?"라는 질문에는 여러가지 답이 나왔지만 가이드는 "고된 일."이라고 하였고, "이 더하기 이 하면 무엇입니까?" 하는 질문에는 "젖니"라고 하였고 "삼 더하기 삼 하면?", "6"이라고 대답하여 여행객들이 한꺼번에 웃었다.

또 한 사람이 문제를 내는데 "굵기는 손안에 들고 길이가 한뼘 되고 밤에 쓰는 물건이고 때로는 물이 나고, 이 네 가지를 갖춘 것은?", 사실 양초(불 켜는)인데 한편으로는 남자의 성기인 생식기를 말하는 경우도 있으니 한바탕 웃고 지루함을 달래고 있는데 창밖을 내다보니 길옆의 나무들이 울울창창 서 있고 온갖 풀들은 서로 다투어 푸르름을 자랑하는 것 같았다.

꿈에도 그리던 백두를 찾아간다는 호기심과 신기함으로 인하여 길고 긴 시간 승차하여도 피곤한 줄 몰랐다. 이제는 도착할 시간이 얼마 남지 않았겠지 하는 예상이 꼭 맞아떨어져 바야흐로 장백長白과 천수영봉天水靈峯이라 써 있는 백두산白頭山 밑 여관의 넓은 곳에 주차하니 먼저 온 여행객들이 수근거리면서 귀엣말을 하고 있었다. 나는 그들 옆에 가서 조용히 들어보니 백두산 천지에는 바람이 거세고 비까지 내려 정상에는 오래 있지 못한다고 한다.

밤잠을 자고 나면 화창한 날씨에 천지를 볼 수 있겠지 하고 내일로 미루고 장백폭포를 보기 위해 등정길에 올랐다. 올라가는 길목에는 산삼을 사라고 현지 중국 사람들이 열화같이 달라붙어 살기등등하게 눈망울을 부릅뜨고 귀찮게 굴었다. 웃음으로 상냥스럽게 사달라 해도 가짜인지 분간할 수 없어 망설일 텐데 아예 거절하고 말았다.

조금 오르니 숨이 막혀 허덕이고 있는데 저 멀리 쳐다보니 하얗게 쏟아지는 저 폭포가 바로 장백산 폭포가 아닌가. 가이드의 말에 따르면 저 폭포는 68m 높이를 낙하하고 물은 내(川)를 이루어 흘러가는데 어떤 곳은 완전하게 냇물 전체가 보이고 어떤곳은 일부분만 눈에 띄어 용이 꿈틀거리면서 승천하는 모습처럼 보였다.

옆으로 흘러가는 냇물에 손을 넣어 보고 미리 준비한 생수병에 물음 담기도 했다. 먼 곳에서는 두손을 들어 만세를 부르는 소리가 귀에 쨍하고 울렸다. 대자연에 매혹되어 그런 동작을 하였겠지만 울컥 무언가 심중에 북받치는 것이 작용하였으리라 생각되어 언젠가는 우리 땅을 밟고 올 수 있는 그날이 오기를 고대하며 숙소로 내려왔다.

백두산 호텔에서 하룻밤을 지내고 일어나 창밖을 내다보면 나뭇가지 윗부분이 얄량얄량 흔들리고 있었다. 천변만화하는 천지를 보러가기 위해 일찍 준비하여 정상에 오르는 차에 탑승했다. 대여섯명이 앉을 수 있는 우리나라의 무쏘 같은 차를 타고 구절양장처럼 돌고 돌아 올라가니 정상 100m 지점까지 올라온 기사님이 내리라고 하였으나 세찬 바람에 문이 열리지 않아 한참 동안 죽을힘을 다해 열 수 있었다.

일행은 모두 밖으로 나오니 천지가 심술을 부려 장대비는 여행객을 뭇매질하고 바람은 강풍으로 변하여 작은 마사 알갱이가 얼굴에 날아와 부딪치는데 얼굴 전체가 따끔따끔하여 눈을 바로 뜰 수가 없었다. 여기에 운무까지 짙게 깔려 하늘이 대로한 것인지 한치 앞을 내다볼 수 없는 그야말로 아수라장이 되었다.

입고 있는 비옷도 소용이 없고 아예 천지는 운무와 강풍으로 덮여 인간에게는 보일 것을 허락하지 않았다. 그래도 천지라는 표지 옆에서 사진 한 장을 찍고 더 머무르다가는 생명의 위협까지 받을까 두려워하며 정상에서 급히 내려왔다.

내려오면서 기사도 여행객을 생각하였던지 중도 도로변에 차를 세워놓고 아쉬움을 달래라고 시간을 주길래 밖을 나가보니 산은 언제 그랬냐는 듯 잔잔하게 햇살이 내리쬐고 평상시와 다름없는 안정된 마음으로 백두산의 실체를 맛보았다.

백두산은 자연의 보고라고 하지 않는가. 해발에서 높지 않은 곳에는 활엽수 그 위에는 침엽수 그리고 온산에 만경화가 피어 있고 그 위 상층부에는 사슬나무와 이끼수, 최고봉 주위에는 식물이 자랄 수 없어 불모의 땅으로 구성되었다고 한다.

일정에 쫓겨 백두산 등성이를 돌고 돌아 내려오니 계란을 넣으면 삶아져 즉석에서 먹을 수 있을 정도로 고온인 온천수가 자연적으로 흘러내리고 있었다. 유화 수소성분의 온천수에 칠천만 우리 형제들이 아무 제제를 받지 않고 누구나 자유롭게 목욕할 수 있는 그날이 오기를 염원하면서 그래도 기쁜 마음으로 백두산장까지 내려왔다.

네
번
째

길

전의全義로 가는 길

잠에서 깨어나지 못하면 약속된 시간에 동참할 수 없기 때문에 행여나 하는 심사로 잠이 오는데도 일부러 전전반측輾轉反測하면서 잠을 자지 않고 시계를 보니 새벽 4시 삼라만상은 모두 깊이 잠들어 고요한데 나는 무엇하려고 이토록 서둘고 있을까.

오늘은 춘향春享을 올리러 전의 가는 날이다. 나는 일년에 수차례 총회를 비롯해서 충청도의 전의나 오창을 가는 날이 있다. 이날이 도래하면 전날부터 마음을 골똘히 먹지 않으면 실수하기가 쉬우므로 여간 조심하지 않으면 안된다. 오는 잠을 쫓기 위해 일어나 앉기도 하고 서서 거닐면서 명상에 잠겨도 본다.

이렇게 힘들고 귀찮은 일을 하지 않으면 될텐데 왜 하면서 푸념을 하는 건가. 사람은 누구나 동경憧憬하는 일이 있다. 한평생 동경을 위해 노력하는 사람이 있는가 하면 한평생 이루려 노력하여도 못 이루고 중도에 그만 포기하는 이도 있다.

나는 할아버님을 동경하였지만 바쁨을 핑계로 이런 것 저런 것 챙겨볼 겨를이 없어 훌쩍 반세기가 흘러가 퇴임을 하고 윗어른들의 정과 업적을 찾아보려 노력하였으나 나는 이제 노년기가 되었다.

그런 심사로 오늘 이 기차를 타야 하고 무엇인가를 얻어와서 다음 세대들에게 전해 주어야 할 임무가 있기에 오늘 새벽 까다로운 일이지만 이를 수행해야 한다. 기차를 타고 버스, 택시를 숨가쁘게 번갈아 타고 전의全義에 도착하면 양지쪽 운주 영봉의 산야 중심에 기세 좋게 들어선 영사제永思齊! 저 집은 우리 종원宗員 모두의 얼의 고장이자, 슬기의 샘이다.

사람은 살아가면서 기지도 필요하고 덕과 지혜도 필요하지만 이제 막 이곳 전의에 도착하여 보니 구석진 굽이마다 생활하고 계셨던 자취를 추리하여 볼 수 있었다. 우리들의 가슴속에 세세연연 이어온 가훈. 이에 새겨진 것은 우리 후손들이 나라에 충忠하고 가정에는 효를 실천하라는 뜻이라고 생각하였다.

춘향을 올리고 점심을 먹으면서 어느 종원이 말씀하기로 우리 종사가 있고부터 지금까지 제일 번창하고 화려했던 때가 오사칠장五士七長 때라고 말씀하신다. 이때를 즈음하여 모두 고급관직에 진출하여 뭇사람들에게 부러움을 받았다고 하지 않는가.

이 세상에서 무엇이 어떠해도 제일 어려운 것은 자식에 대한 교육이라고 하였거늘 이 어려운 교육을 성공적으로 이루어 놓아 주위의 부러움의 대상이 되었다는 것은 눈에 보이지 않은 어떤 속뜻이 작용하였을 것이라고 생각하였다.

나는 집에 돌아와 현지에서 주워 모은 이야기와 가보家譜에서 읽고 얻은 내용을 종합하여 본 결과 함자 속의 한 자, 한 자가 모두 깊은 뜻을 담고 있을 것이다. 그 크고 높은 뜻을 곧고 바르게 잡아 이것을 생활신조로 삼아 살아가라는 뜻으로 해석할 수 있을 것이다.

옛글에도 최고의 지성인을 길러 내려면 타고난 천성을 밝히고 최고의 선을 항상 움직이지 않게 하라 했거늘 이에 핵심은 바른 마음이라고 했다. 대학의 팔조목八條目에서 욕수기신자欲修其身者는 선정기심先正其心하다는 뜻과 같이 그 몸을 닦고자 하는 사람은 먼저 그 마음을 바르게 하라는 정正자, 즉 불곡不曲의 당당함으로 생활하라는 뜻으로 생각했다.

이에 우리는 이 고귀한 뜻을 우리 집안 전통으로 알고 세세연연 실천강령으로 삼아 계후啓後에 더욱 노력하여야 할 것이다.

네 번 째 길

어버이날의 단상斷想

큰애로부터 전화가 왔다. 내용인즉 서울 오가는 항공표가 마련되었으니 막내집에 한번 다녀오라는 내용이었다. 막내집에 전화할 때마다 할머니 손끝에서 자란 정 때문인지 큰놈인 정민이가 우리 집에 오시라는 성화가 대단하고 어버이날도 내일모레이고 보니 어버이 은공도 있고 여러가지 복합적인 의미가 있는 느낌이었다.

갑자기 온 전화라 단번에 결론을 내리지 못하고 네 엄마와 같이 의논하여 답하여 주마 하고 전화를 끊었다. 전화기를 놓고 혼자서 여러 가지를 생각하였다.

인간사가 나무뿌리처럼 얽히고설키어 있어 결론을 내리지 못하고 있는 차에 아내가 집안의 딸과 며느리의 모임인 여자들 계에 참석했다가 집에 도착하지 않았는가. 어떻게 할까를 둘이서 의논하니 어떤 때는 초원 위에 초가삼간 집을 지어 오손도손 사는 그야말로 낙원의 집을 짓기도 하고, 어떤 때는 저 높은 빌딩에 초현대적인 핵가족을 그려보기도 하며, 삼대가 한자리에 모여 내리사랑의 꽃을 피우는 대가족을 그려보기도 하는데 서로 이야기 속에서 풍겨 나오는 향내는 은근히 하고 싶어 하는 눈치였다.

오랜만에 저들의 계획적인 마음 씀씀이가 가상하여 손을 저어 거절하려니 너무하는 것 같아 가기로 결정하고, 일단 서울 간다는 기분도 좋았지만 평소에 객지에서 고생하는 막내 내외와 연이들을 볼 수 있다는 기대감에 벌써부터 준비가 분주하였다.

제 엄마는 가져갈 선물 보따리를 포장하고 들고 갈 수 있게 이 가방에 넣었다, 다른 가방으로 바꾸었다가 결국은 처음 그 가방에 넣기도 하며 밤늦게까지 준비하는 모습은 어릴 때 여행 가기 전날 밤에 기뻐하던 모습과 흡사했다.

나도 덩달아 맞장구를 치면서 선창에서 횟집을 운영하는 질부에게 전화를 걸어 내일 아침에 서울 갈 예정이므로 회를 준비하여 줄 것을 청하여 놓았다. 아침에 일어나 들고 갈 짐꾸러미를 네 개로 압

축하여 각각 두 개씩 들고 갈 요령으로 큰애 차를 집 앞에 나가 기다리고 있으니 좀처럼 오지 않아 조바심을 내기도 했다.

출근시간보다 조금 빠른 시간대였기에 가다 서다를 반복하지 않아도 빨리 갈 수 있는 시간대였다. 차는 서마산 IC에서 남해고속도로로 진입하였다. 남해고속도로를 질주하는 차 사이를 앞서거니 뒤서거니 씽씽 달리는데 지나는 세월만큼이나 빠르게 지나가는구나 실감할 수 있었다.

눈 깜짝할 사이에 김해공항에 도착하니 어디로 가는 사람들인지 잘 모르지만 정해진 노정 따라 분주하게 움직이는 사람들. 혹시 저 많은 사람들 중에는 우리나라를 하직하고 이민 가는 사람이 있는 건 아닌지 공연한 걱정을 하기도 하고, 나처럼 나들이 갔다 와서 이곳에서 오손도손 같이 서로 도우면서 낙원을 이루어 상생하기를 기원하기도 했다.

계단을 딛고 2층으로 올라가니 각기 저마다의 책무에 충실한 사람들, 표를 발부하는 사람, 금속탐지기로 안전 여부를 점검하는 사람들, 군복에 무장을 한 안전요원 순시, 내가 해야 할 일을 충실히 하였을 때 전체의 운영라인이 잘 돌아가지 않겠는가 생각도 하였다.

항공표에 기재되어 있는 탑승구를 찾아가니 먼저 찾아온 동승할 일행이 자리에 앉아 시간을 기다리고 있는데 나도 안전한 곳에 짐을 놓고 시간이 되도록 기다리고 있었다. 시간의 여유를 두고 입장하였기에 저 멀리 비행기가 이륙하는 것을 구경하고 있는데 휴대폰 벨이 울리기에 받아보니 큰애가 하는 말인즉 서울서 부산으로 내려올 때 필요한 항공권을 발부받은 쪽지를 잘 간직하라는 당부의 말을 듣고 아, 세월이 많이 변했구나 하고 깨닫기도 하였다.

지난 시절에 저들이 클 때는 내가 세세하게 이것저것을 어떻게 하라고 일일이 알려주던 것이 이제는 바뀌어 주객이 전도되었으니 세월의 흐름이 이렇게 변했구나 실감할 수 있었다. 그러나 나의 마음은 예나 다름없이 저들이 어린애처럼 보이는데 전화로 일깨워 주는 것이 흐뭇하게 생각되지만 이제는 나도 모르는 사이에 늙었구나 하는 생각에 가슴이 찢어질 듯 저려옴은 무슨 이유일까.

우울함에 젖어드는 분위기를 바꿀 겸 앞에 있는 TV를 보니 어떤 젊은이가 리모컨으로 이리저리 조정하여 보이는 선명하고 정확한 색상은 세계 어느 제품과 비교해도 손색이 없어 자랑이라 아니할 수 없다.

기내 입실 방송을 듣고 줄을 서서 대기하니 입구에 서서 인사하는 승무원의 친절인사는 따뜻한 마음을 연결시켜 주는 생활 태도인 것으로 생각되었다.

기내방송과 동시에 비행기의 동체는 가속도가 붙어 달리더니 비로소 이륙하여 구름 사이로 치솟아 운상으로 날기 시작하더니 잠시 차 한잔 마시는 사이에 김포에 도착했다. 하늘에서 내려다본 서울

거리는 오밀조밀 군집을 이루어 이 땅에 살아가는 저 순수한 백성에게 오늘도 희망을 갖고 잘 살아갈 수 있게 하느님의 은총이 내려지기를 눈을 감고 빌고 빌어 착륙과 동시에 이 땅에 함께하기를 기원하였다.

길을 잘 몰라 사람들이 많이 나가는 출입구를 따라 에스컬레이터를 타고 내려가니 여기가 약속장소가 아닌가 하고 눈을 빙 돌려보니 저쪽 편에서 막내가 기다리고 있지 않은가. 반갑게 인사를 하고 하도 대견스러워 보이길래 아들의 손을 잡아보니 따뜻한 정情을 느낄 수 있었다.

드러나는 외모로 마음속을 짚어보니 이화위존以和爲尊이 맞는 것 같다. 깨끗한 와이셔츠의 칼라는 며느리의 정성 어린 남편 섬김의 징표이며 환한 얼굴은 자식 부부간의 내리사랑이 막힘 없이 순리로 흘러내림이 아닌지 맥을 짚어보기도 했다.

막내가 마중 나오지 않았다면 이곳저곳 물어보며 마음이 불안할 터인데 무한의 보호자인 아들이 옆에 있어 안전하고 편안한 여행이 되었다.

안양 수원 가는 공항버스를 타고 경인외곽도로를 달리니 차는 가다 서다를 반복하다가 달리고 지체하다가 미끄러질 듯 빨리 가기도 하고 복잡한 서울 근교의 도로 사정만큼이나 이 사회는 복잡한 사회로 구성되어 있구나 느껴보기도 했다.

용혜원 님의 〈사랑하니까〉 중에서 사람과 사람 사이를 영원히 묶는 사랑이 '위하는 사랑' 이라고 예찬했거늘 사랑의 끈으로 묶어 놓은 내 손녀들의 재롱을 꿈꾸면서 마음은 벌써 집에 도착하였다. 할아버지와 할머니가 오신다는 소식을 제 엄마로부터 듣고 눈이 빠지게 기다리다가 집에 들어서니 할머니를 껴안고 할머니하고 달려들어 한 덩어리가 되지 않는가.

어릴 적 할머니 손에 자란 놈이 더하고 밑에 쌍둥이로 태어난 두 녀석은 할머니의 보살핌이 덜했던지 깊은 정을 표시하는 순백純白의 사랑은 덜한 것 같다.

옛날 선인들의 말인즉 같이 살아야 고운 정 미운 정이 함께 어우러져 깊은 정이 마음 구석구석 골골이 옹골지게 든다고 했다. 손녀들에게 사랑을 넘치게 받는 것도 좋지만 사랑을 넘치게 주는 것은 더더욱 좋다.

토요일 오후가 되어 며느리가 학교에서 퇴근하여 그들과 합세하니 집안은 화기애애하달까, 정이 넘치는 집안 분위기 그대로였다.

어시장에서 스티로폼 박스에 준비해간 싱싱한 횟감이 자식과 손녀에게 고향의 맛을 만끽할 수 있는 감칠맛이며 막내 식구가 다 함께 만찬을 즐길 수 있는 것은 퍽 오랜만의 일이었다. 큰놈이라야 초등학교 1학년, 그 아래 쌍둥이 자매 셋이서 제 어미 혼을 홀리게 행동해도 모정 하나만으로 조화롭게 대처해 가는 사랑은 높이 찬양해

주고 싶은 심정이다.

가정을 꾸려 나가면서 작은 불안 요인들이 있어도 그것에 대처하는 행동에 따라 행불행이 결정된다고 본다. 그러므로 좋은 점을 찾아 그것을 발판으로 삼으면서 실천으로 옮길 때 행복은 어느새 당신 곁으로 찾아와 미소 지을 것이다.

옛말에 '강남종귤강북위지江南種橘江北爲枝'란 말이 있다. 즉 강남 쪽에 심은 귤을 강북 쪽에 심으면 탱자가 된다는 말이 있다. 중국 춘추시대 말기에 제나라의 유명한 안영이란 재상이 있었다. 공자도 그를 형님처럼 대했다는 이 안영은 지혜와 정략이 뛰어난 데다가 구변과 담력이 또한 대단했고 특히 키가 작은 것으로 더욱 이름이 알려져 있었다.

어느 해 초나라 영랑이 안영을 자기 나라로 초청했다. 안영이 하도 유명하다니까 얼굴이라도 한 번 보았으면 하는 어린애 같은 호기심과 그토록 각국이 입이 마르도록 칭찬하고 있는 안영의 코를 납작하게 만들어주겠다는 마음도 있었다. 영랑이 바라보고 있는 뜰 아래 멀리 포리들이 죄인을 묶어 앞세우고 지나갔다.

"여봐라."

왕은 포리를 불러세웠다.

"그 죄인은 어느 나라 사람인가?"

포리가 대답했다.

"제나라의 사람입니다."

"죄명이 무엇이냐?"

"절도죄를 범했습니다."

초왕은 안영을 바라보면서 말했습니다.

"제나라 사람들은 원래 도둑질을 잘하오?"

옆에서 듣고 있는 안영에게는 이 이상의 모욕이 있을 수 없었다. 그러나 안영은 초연한 태도로 이렇게 대답했다.

"강남종귤강북위지, 제나라 사람이 제나라에 있을 때는 원래 도둑질이 무엇인지도 모르고 자랐는데 그가 초나라로 와서 도둑질을 한 것을 보면 역시 초나라의 풍토 때문인 줄로 아옵니다."

며칠을 두고 세운 계획이 실패하자 초왕이 안영에게 잔치를 베풀고 환대하였으며 다시는 제나라를 넘볼 생각을 못했다는 것이다.

수확물은 풍토가 중요하고 사람은 환경이 중요하다. 특히 가정환경은 더욱 중요하다고 할 수 있다. 어버이에게 자신의 식솔을 잘 가르치고 화평한 가정생활을 보여주는 것도 효도의 일부분이 아니겠는지, 역시 가화만사성家和萬事成을 이루어 주었으면 좋겠다.

태부동 가는 길

이옥로 산문집

펴낸날 | 2013년 10월 8일

지은이 | 이 옥 로
펴낸이 | 오 하 룡

펴낸곳 | 도서출판 경남
주　소 | 창원시 마산합포구 몽고정길 2-1
연락처 | (055)245-8818~9/223-4343(f)
홈페이지 | www.gnbook.com
전자메일 | gnbook@empas.com
출판등록 | 제567-1호(1985. 5. 6.)
편집팀 | 오태민 | 심경애 | 구도희

ISBN 978-89-7675-861-3-03810

〔값 15,000원〕